高等职业教育公共基础课系列教材

形势与政策

第9版

主　编　蒋晓云　王振杰　池云霞
副主编　冀巧英　刘　杰　张建写　李　娜
参　编　房丽娟　王玉娟　咸立双　唐亚丽　李月波
　　　　冯艳菊　张　彬　王梅平　王英华　刘志辉
　　　　翟炜从　芦　娟　张　帆

机械工业出版社

本书依据中宣部、教育部下发的"高校形势与政策教育教学要点",结合当前国内外形势以及高等教育改革形势和大学生成长的特点而编写。本书在介绍当前国内外经济政治形势、国际关系以及国内外热点事件的基础上,阐明了我国政府的基本原则、基本立场与应对政策;采用专题式的编写方法,涉及国际和国内时政热点10个专题;努力体现权威性、前沿性,注重理论与实际的结合、历史与现实的结合、稳定性与变动性的结合、学习知识与发展能力的结合,在相关问题的解读和分析上下功夫,力求达到知识传递与思想深化的双重效果。

凡选购本书的教师和学生,请关注"德与行学习平台"公众号,我们会不定期发送有趣、有价值的文章,扩展知识面,还可以通过在线测试,检验自己的学习效果。

希望本书能够成为大学生学习形势与政策课的好帮手,也希望它能够为形势与政策课教师从事教学提供参考,同时为从事国内外形势与政策研究的人员提供借鉴。

图书在版编目(CIP)数据

形势与政策/蒋晓云,王振杰,池云霞主编. —9版.
—北京:机械工业出版社,2020.8(2022.8重印)
高等职业教育公共基础课系列教材
ISBN 978-7-111-66102-3

Ⅰ. ①形… Ⅱ. ①蒋… ②王… ③池… Ⅲ. ①时事政策教育—高等职业教育—教材 Ⅳ. ①G641.4

中国版本图书馆CIP数据核字(2020)第124771号

机械工业出版社(北京市百万庄大街22号 邮政编码100037)
策划编辑:孔文梅　　　　　责任编辑:孔文梅　乔　晨
责任校对:高亚苗　史静怡　封面设计:鞠　杨
责任印制:邓　敏
北京盛通商印快线网络科技有限公司印刷
2022年8月第9版第9次印刷
184mm×260mm・8.5印张・197千字
标准书号:ISBN 978-7-111-66102-3
定价:29.00元

电话服务　　　　　　　　　网络服务
客服电话:010-88361066　　机　工　官　网:www.cmpbook.com
　　　　　010-88379833　　机　工　官　博:weibo.com/cmp1952
　　　　　010-68326294　　金　书　网:www.golden-book.com
封底无防伪标均为盗版　　　机工教育服务网:www.cmpedu.com

前　言

《教育部关于加强新时代高校"形势与政策"课建设的若干意见》（教社科〔2018〕1号）指出："形势与政策"课是理论武装时效性、释疑解惑针对性、教育引导综合性都很强的一门高校思想政治理论课，是对学生进行形势与政策教育的核心课程，是第一时间推动党的理论创新成果进教材进课堂进学生头脑，引导大学生准确理解党的基本理论、基本路线、基本方略的重要渠道。

形势与政策课的主要任务是帮助大学生正确认识新时代国内外形势，深刻领会党的十八大以来党和国家事业取得的历史性成就、发生的历史性变革、面临的历史性机遇和挑战，引导学生正确认识世界和中国发展大势，正确认识中国特色和国际比较，正确认识时代责任和历史使命，正确认识远大抱负和脚踏实地。牢固树立"四个意识"，坚定"四个自信"，做担当民族复兴大任的时代新人。

本书帮助学生立足中国，放眼世界。在国内部分，介绍了实现中华民族伟大复兴的中国梦，深入学习贯彻第十三届全国人民代表大会第三次会议精神，在稳中求进的总基调下我国经济发展的形势与政策，解读了我国农业发展的新政策，描绘了推进生态文明、建设"美丽中国"的美好愿景，介绍了"一带一路"国际合作新局面；在国际部分，介绍了全球化背景下国家安全现状，阐述了新时代中国外交新发展等。全书共含10个专题。

本书采用专题式的编写方法，注重理论与实际的统一、历史与现实的统一、稳定与变动的统一，认真分析事物的来龙去脉，详细解读我国在相关问题上的政策。本书在编写过程中，力求把最新、最近发生的大事，把党的最新方针政策全面准确地体现在书中。在编写中参阅和引用了一些专家学者的研究成果，在此一并表示感谢。

本书由河北工业职业技术学院蒋晓云、王振杰、池云霞担任主编，河北工业职业技术学院冀巧英、刘杰、张建写及河北交通职业技术学院李娜担任副主编，参加编写的还有

前 言

河北工业职业技术学院房丽娟、王玉娟、咸立双、唐亚丽、李月波、冯艳菊、张彬、王梅平、王英华、刘志辉、翟炜从、芦娟、张帆。全书由蒋晓云、王振杰、池云霞负责审稿、定稿。

凡选购本书的教师和学生,请关注"德与行学习平台"公众号,我们会不定期发送有趣、有价值的文章,扩展知识面,还可以通过在线测试,检验自己的学习效果。

为方便教学,本书还配备电子课件等教学资源。凡选用本书作为教材的教师请登录 www.cmpedu.com,注册为会员后可免费下载,咨询电话:010-88379375。

由于编写时间仓促,加之编者水平有限,疏漏之处在所难免,恳请读者批评指正。

编 者

目 录

前 言

导言 科学分析形势 正确把握政策
一、"形势与政策"课的主要内容 / 001
二、学习"形势与政策"课的意义 / 002
三、学习"形势与政策"课的方法 / 003
思考题 / 006
参考文献 / 006

专题一 实现中华民族伟大复兴的中国梦
一、百年追梦与民族自强 / 007
二、"中国梦"的思想内涵 / 009
三、"中国梦"的实现途径 / 012
四、"中国梦"的实践要求 / 014
思考题 / 018
参考文献 / 018

专题二 深入学习贯彻第十三届全国人民代表大会第三次会议精神
一、第十三届全国人民代表大会第三次会议概况 / 019
二、第十三届全国人民代表大会第三次会议的主要内容 / 020
思考题 / 028
参考文献 / 029

专题三 我国经济形势与政策
一、分析经济形势的理论视角 / 030
二、我国经济的调控手段和政策 / 033
三、当前的宏观经济形势与宏观经济政策 / 034
四、经济周期不同阶段的策略选择 / 038
思考题 / 043
参考文献 / 043

目 录

专题四　大力实施乡村振兴战略
04
一、实施乡村振兴战略的重大意义 / 044
二、实施乡村振兴战略的总要求和主要原则 / 047
三、乡村振兴应重点研究关注的
　　九类乡村产业 / 049
四、2020 年中央"一号文件" / 052
思考题 / 056
参考文献 / 056

专题五　开创"一带一路"国际合作新局面
05
一、"一带一路"倡议概况 / 057
二、"一带一路"书写改革开放新篇章 / 061
三、第二届"一带一路"国际合作高峰论坛 / 063
四、"一带一路"为完善全球治理体系
　　提供新思路 / 065
思考题 / 067
参考文献 / 067

专题六　新时代两岸关系
06
一、《告台湾同胞书》发表 41 周年 / 068
二、大陆出台一系列惠台措施 / 071
三、两岸关系面临挑战与困难 / 073
四、新时代两岸关系发展方向 / 074
思考题 / 077
参考文献 / 077

专题七　推进生态文明　建设"美丽中国"
07
一、"美丽中国"的内涵和特征 / 078
二、建设"美丽中国"存在的问题 / 081
三、建设生态文明，装点"美丽中国" / 084
四、2020 年全国生态环境保护工作会议 / 086
思考题 / 091
参考文献 / 091

目 录

专题八　朝鲜半岛问题透视与前景展望
一、朝鲜半岛核问题的产生与演进 / 092
二、影响朝核问题发展的因素 / 095
三、朝鲜半岛问题的发展与展望 / 097
思考题 / 103
参考文献 / 103

专题九　全球化背景下的国家安全
一、国家安全观念的演变 / 104
二、当前我国面临的安全形势 / 105
三、大学生国家安全教育 / 111
思考题 / 115
参考文献 / 115

专题十　全方位布局中国特色大国外交
一、新时代中国大国外交的鲜明特色 / 116
二、遍布全球的中国"伙伴关系" / 118
三、构建新型大国关系 / 120
四、中国周边外交格局 / 125
思考题 / 128
参考文献 / 128

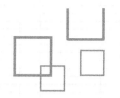

导 言
科学分析形势　正确把握政策

"形势与政策"课是高校思想政治理论课课程体系中的一门重要的课程。2004年11月，中宣部、教育部发布的《中共中央宣传部教育部关于进一步加强高等学校学生形势与政策教育的通知》中，阐述了形势与政策教育的地位和作用，指出："形势与政策课是高校思想政治理论课的重要组成部分，是对学生进行形势与政策教育的主渠道、主阵地，是每个学生的必修课程，在大学生思想政治教育中担负着重要使命，具有不可替代的重要作用。"

一、"形势与政策"课的主要内容

"形势与政策"课要始终坚持以马克思列宁主义、毛泽东思想、邓小平理论、"三个代表"重要思想、科学发展观和习近平新时代中国特色社会主义思想为指导，要着重进行马克思主义形势观、政策观教育；进行党的基本理论、基本路线、基本纲领和基本经验教育；进行我国改革开放和社会主义现代化建设的形势、任务和发展成就教育；进行党和国家重大方针政策、重大活动和重大改革措施教育；进行当前国际形势与国际关系的状况、发展趋势和我国的对外政策、世界重大事件及我国政府的原则立场教育。

（一）马克思主义形势观和政策观教育

这是在分析形势和理解政策方面必须认识的马克思主义世界观和方法论。形势是指客观事物发展的状况和趋势，是社会各领域事物的现状和发展态势的综合反映。形势有两层含义：第一层含义是指客观事物发展的现状（现在），这是事物的静态状况；第二层含义是指客观事物发展的趋势（未来），这是事物的动态状况。从形势空间看，有国际形势、地区形势、国内形势等；从形势内容看，有政治形势、经济形势、军事形势、外交形势、文化教育形势、科技形势等。形势具有客观性、现实性、动态性、多样性等特点。政策是党和国家在一定历史时期为实现特定奋斗目标制定的行动依据和规范，是根据客观形势所制定的主观指导性行动准则。广义上所讲的政策，包括一个国家的基本路线、基本政策、具体政策等，其中，基本政策是某一领域（经济、科技、文化、教育、民族、军事、外交）全局性、战略性的政策。政策按领域可分为对外政策和对内政策，其中，对外政策是党和国家处理国家之间和政党之间关系的行动准则；对内政策是党和国家领导自己内部各方面工作的行动准则，可分为经济政策、政治政策、社会政策、科技政策、文化政策、教育政策、军事政策等。政策具有原则性、灵活性、现实性、长远性的特点。形势是制定政策的客观依据，又是检验政策的客观标准，政策对形势具有主观能动性，对客观形势的发展有强大的推动作用。

形势政策观是世界观的重要组成部分，不同的人以不同的形势观分析作为客观事物的形势，就会得出不同的结论。"形势与政策"课的根本任务就是要教育学生掌握和运用科学的世界观和方法论。观察和认识形势就是一个以形势作为认识对象的思维过程，要求站在辩证唯物主义和历史唯物主义的立场，坚持实事求是的思想路线，以唯物辩证法作为思想武器判断和把握形势的本质和发展趋势。具体要求：首先，应该尊重客观事实，一切从实际出发，既不能从原则、本本出发，也不能从主观想象出发，反对各种形式的唯心主义。为此，要脚踏实地地对形势进行深入的调查研究，掌握大量的、合乎实际的感性材料，在此基础上对形势做出准确判断。其次，学会用普遍联系与全面发展的观点来观察、分析形势，以辩证的思维方法把握事件之间的各种复杂的联系，透过复杂的社会现象发现其内在本质、规律和社会历史发展的必然趋势，正确看待历史与现实的关系、全局与局部的关系，努力学会从规律性上认识和把握形势，包括国际与国内、宏观与微观、经济政治与社会、一般态势与具体热点等。

（二）基本形势与基本政策教育

这是"形势与政策"课的基本内容，肩负着大学生政治人格塑造的重任。基本形势可以分为国际形势和国内形势，国际形势的主要内容有当代世界政治、经济格局及其总体发展趋势，国际关系及中国政府的外交原则、立场，中国在国际事务中的地位与作用等。我国的国情国力，政府在处理复杂的国际关系时的基本外交原则和立场，重要会议精神，国家的重大改革举措，我国改革开放和社会主义现代化建设的形势、发展成就等构成了基本的国内形势。基本政策教育包括党的基本理论、基本路线、基本纲领和基本经验教育，党和国家的重大方针政策、重大改革措施教育。通过对国内、国际客观形势的科学分析和认识，认清时代的潮流，把握历史的脉搏，明确大学生所肩负的历史使命。通过学习党和国家对内、对外方针政策，更好地理解党和国家方针政策的科学性和正确性，增强在党的领导下建设中国特色社会主义的信心和信念。

（三）时事政治热点分析

国内外热点问题是形势与政策教育中重要的组成部分。形势的发展变化是必然性与偶然性的统一，热点问题是受偶然性因素影响而发生突然性的较大变化，产生了一定影响的问题。这些问题也是形势的一部分，是大学生所普遍关注的。通过对热点问题的解析，使大学生从"知其然"到"知其所以然"，使大学生了解热点问题的来龙去脉，把握党和政府的原则立场，引导大学生理性、冷静地看待热点问题。

二、学习"形势与政策"课的意义

古人语"风声、雨声、读书声，声声入耳；家事、国事、天下事，事事关心"，孙中山先生指出："天下大势，浩浩荡荡，顺之者昌，逆之者亡。"这两句话指出了认清形势的重要性。"政存国兴""政去国亡"，强调的都是政策对兴邦治国的重要性。古有"识时务者为俊杰"之说。当今所说的"识时务"，就是大家要顺应形势、把握政策。

"形势与政策"课将为大学生提供一个看中国、看世界的窗口。形势与政策教育坚持以马克思主义为指导，紧密结合建设中国特色社会主义的实际，帮助学生认清国内外形势，引导学生全面准确地理解党和国家的路线、方针和政策，从而自觉、积极地投身改革开放和现代化建设伟大事业之中。

（一）学习"形势与政策"课是大学生承担历史责任的要求

能否正确认识国际国内形势，能否正确理解党和国家的路线、方针和政策，关系到大学生能否成为中国特色社会主义事业的合格建设者和可靠接班人的问题。中国特色社会主义进入了新时代，这是我国发展新的历史方位，这也是社会主义中国面临的新形势。这样的历史方位，决定了新时代坚持和发展中国特色社会主义的总任务，是实现社会主义现代化和中华民族伟大复兴。当代大学生的历史使命，就是在中国共产党的领导下，坚持和发展中国特色社会主义，实现中华民族伟大复兴。大学生肩负的历史责任是由国内外形势、中华民族伟大复兴的历史任务，以及党和国家的路线、方针和政策决定的。学习"形势与政策"，可以更好地使大学生明确自己所承担的时代责任。只有认识形势及其发展趋势，才能明确时代责任。随着世界多极化和经济全球化的深化，各种思想文化相互激荡，东西方在意识形态领域里的斗争更为激烈。时代责任是在洞悉形势及其发展趋势的基础上对自身历史使命的自觉认同。只有树立正确的政策观，才能正确理解党和国家的路线、方针和政策，才能积极主动担当历史责任。

（二）学习"形势与政策"课是提高大学生综合素质的基本途径

科学分析形势，正确把握政策，有助于提高大学生的思想政治素质。通过对形势的科学分析，对政策的正确把握，可以帮助大学生认识世界、了解国情，正确选择自己的人生发展道路，将自己的个人理想与祖国的发展联系起来，将个人价值与社会主义核心价值体系结合起来，全面提高政治思想素质，成为社会主义现代化建设事业的合格人才。学习"形势与政策"课可以提高大学生分析形势、把握政策的能力。通过对"形势与政策"课的学习，大学生可以初步掌握科学分析形势的立场、观点、方法，可以初步掌握制定政策的原则、依据，提高政策水平，以便适应将来工作岗位对人才判断形势、制定政策的要求。

三、学习"形势与政策"课的方法

（一）以马克思主义理论为指导

"形势与政策"课的学习，建立在广博深厚的科学知识的基础上，特别是马克思主义基本原理。我们观察形势、理解政策要坚持以马克思主义为指导。首先，观察形势要有正确的立场，就是人民根本利益的立场、党的立场，这是正确观察和分析形势的根本要求。其次，观察形势应遵循实事求是、普遍联系、发展变化的基本原则，坚持"三个有利于"作为判断形势发展的标准，运用归纳演绎、综合分析、历史与逻辑统一的辩证思维方法和比较分类、实践调查等科学方法分析形势。了解制定政策需要从中国国情出发、从人民利益出发，要坚持马克思主义的指导，要坚持群众性、实践性、民主性、科学性、针对性、明确性、可行性、实效性、系统性、连续性原则。

（二）理论联系实际

学习"形势与政策"课，一方面要有正确理论的指导，另一方面要从实际出发，坚持理论与实际密切结合的科学方法。学习"形势与政策"课的目的,是要正确认识国内外形势,深刻理解党的政策,从而为坚持建设中国特色社会主义而奋斗。学习中要遵循理论联系实际的根本原则,密切结合国内外大事,联系社会主义现代化建设与改革开放的实际和我们个人学习生活的实际,运用马克思主义的立场、观点、方法观察形势,正确理解党和政府的各项方针政策。

(三)勤于思考,经常讨论

积极主动参加有关的专题报告会,阅读报纸、杂志,收听广播,收看电视,通过民主讨论、参观访问等多种形式、多种途径的活动,随时关心时事政治,注意搜集和掌握大量的、准确的事实材料,把对"形势与政策"课的学习建立在大量丰富真实的客观材料基础上,勤于思考,经常讨论。这样可以达到取长补短、弄清是非、提高分析形势政策能力的目的。

拓展阅读

教育部关于加强新时代高校"形势与政策"课建设的若干意见
教社科〔2018〕1号

各省、自治区、直辖市党委教育工作部门、教育厅(教委),新疆生产建设兵团教育局,部属各高等学校:

"形势与政策"课是理论武装时效性、释疑解惑针对性、教育引导综合性都很强的一门高校思想政治理论课,是帮助大学生正确认识新时代国内外形势,深刻领会党的十八大以来党和国家事业取得的历史性成就、发生的历史性变革、面临的历史性机遇和挑战的核心课程,是第一时间推动党的理论创新成果进教材进课堂进学生头脑,引导大学生准确理解党的基本理论、基本路线、基本方略的重要渠道。为深入学习贯彻党的十九大精神,深入贯彻落实习近平总书记关于加强和改进高校思想政治工作的重要论述和中共中央、国务院《关于加强和改进新形势下高校思想政治工作的意见》精神,及时、准确、深入地推动习近平新时代中国特色社会主义思想进教材进课堂进学生头脑,宣传党中央大政方针,牢固树立"四个意识",坚定"四个自信",培养担当民族复兴大任的时代新人,现就进一步加强和改进新时代高校"形势与政策"课建设提出如下意见。

1. 切实加强教学管理。要将"形势与政策"课纳入思想政治理论课管理体系,由学校思想政治理论课教学科研二级机构统一组织开课、统一管理任课教师,党委宣传部、党委学生工作部、教务处等相关部门配合做好教学管理工作。要设置"形势与政策"课教研室,定期组织任课教师开展集体备课,确定教学专题、明确教学重点、研制教学课件、规范教学要求。

2. 充分保证规范开课。要将"形势与政策"课纳入学校教学计划,严格落实"形势与政策"课的学分。要保证本、专科学生在校学习期间开课不断线。本科每学期不低于8学时,共计2学分;专科每学期不低于8学时,共计1学分。各高校应结合实际和学生需求,开设形势与政策教育类的选修课,完善思想政治理论教育课程体系,发挥"课程思政"作用。

3. 准确把握教学内容。要紧密围绕学习贯彻习近平新时代中国特色社会主义思想,把坚定"四个自信"贯穿教学全过程,重点讲党的理论创新最新成果,重点讲授新时代坚持和发展中国特色社会主义的生动实践，引导学生正确认识世界和中国发展大势，正确认识中国特色和国际比较，正确认识时代责任和历史使命，正确认识远大抱负和脚踏实地。要开设好全面从严治党形势与政策的专题，重点讲授党的政治建设、思想建设、组织建设、作风建设、纪律建设以及贯穿其中的制度建设的新举措新成效；开设好我国经济社会发展形势与政策的专题，重点讲授党中央关于经济建设、政治建设、文化建设、社会建设、生态文明建设的新决策新部署；开设好港澳台工作形势与政策的专题，重点讲授坚持"一国两制"、推进祖国统一的新进展新局面；开设好国际形势与政策专题，重点讲授中国坚持和平发展道路、推动构建人类命运共同体的新理念新贡献。各高校依据教育部每学期印发的《高校"形势与政策"课教学要点》安排教学。要根据形势发展要求和学生特点有针对性地设置教学内容，及时回应学生关注的热点问题。

4. 规范建设教学资源。教育部组织力量、协调资源加强"全国高校思想政治理论课教师网络集体备课平台"建设，各高校要积极参与、共建共享，共同打造"形势与政策"课教学优质资源。各地各高校可结合实际，编写"形势与政策"课教学辅助资料，原则上各地组织编写的教学辅助资料由地方党委宣传、教育工作部门负责审定，各高校组织编写的教学辅助资料由学校党委负责审定。

5. 择优遴选教师队伍。要配备高素质专职教师负责"形势与政策"课组织工作，并承担一定的教学和科研任务。坚持高标准，按照"优中选优"原则，从思想政治理论课教师、哲学社会科学专业课教师、高校辅导员等教师队伍中择优遴选"形势与政策"课骨干教师。实行"形势与政策"课特聘教授制度，分层建立特聘教授专家库，选聘社科理论界专家、企事业单位负责人、各行业先进模范等参与"形势与政策"课教学。积极邀请党政领导干部上讲台讲"形势与政策"课。要完善"形势与政策"课教学评议制度，探索实行教师退出机制。

6. 创新设计教学方式。要坚持马克思主义立场、观点和方法，结合中华民族发展史、中国共产党史、中华人民共和国史、改革开放史和世界社会主义发展史，结合大学生思想实际，科学分析当前形势与政策，准确阐释习近平新时代中国特色社会主义思想。可采取灵活多样的方式组织课堂教学，积极运用现代信息技术手段，扩大优质课程的覆盖面，提升"形势与政策"课教学效果。

7. 注重考核学习效果。要保证课程覆盖所有在校本专科生，学生听课要涵盖教学内容中的四大类专题。成绩考核以提交专题论文、调研报告为主，重点考核学生对马克思主义中国化最新成果的掌握水平，考核学生对新时代中国特色社会主义实践的了解情况。按照学期进行考核，缺课学生要及时补课，各学期考核的平均成绩为该课程最终成绩，一次计入成绩册。

8. 大力加强组织领导。教育部加强对"形势与政策"课建设的统筹管理，定期研究制定教学要点，组织专家加强教学指导，定期举办骨干教师示范培训班，加强教学经验交流和重点难点问题研讨解析。各高校要研制科学的考核标准，计算教师教学工作量要充分考虑"形势与政策"课难度大、变化快、备课耗时多的特点。各地各高校要组织教师加强教学研究，及时关注形势与政策变化，学深悟透习近平新时代中国特色社会主义思想，切实保障"形势与政策"课教学效果，让学生真心喜爱、终身受益，

> 把这门课真正打造成思想政治理论课的示范课。
>
> 教育部
> 2018 年 4 月 12 日
>
> （http://www.moe.gov.cn/srcsite/A13/moe_772/201804/t20180424_334097.html 教育部网站）

 思考题

1. 什么是马克思主义形势观？
2. 什么是马克思主义政策观？
3. 试述学习形势与政策的意义。
4. 试述学习形势与政策的方法。

 参考文献

[1] 中宣部，教育部. 中共中央宣传部、教育部关于进一步加强高等学校学生形势与政策教育的通知（教社政〔2004〕13 号）[J]. 中华人民共和国教育部公报，2005（Z1）：54-56.

[2] 王凌，赵连文，谢晓娟. 马克思主义形势与政策观研究[M]. 北京：中国社会科学出版社，2011.

[3] 陈红儿，王珉，何增光. 形势与政策[M]. 杭州：浙江教育出版社，2008.

[4] 魏林，程早霞，吴庆文. "形势与政策"课的课程体系建设[J]. 思想理论教育导刊，2000（2）：36-37.

专题一
实现中华民族伟大复兴的中国梦

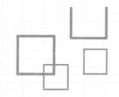

2012年党的十八大召开后,新一届中央领导集体参观了中国国家博物馆《复兴之路》展览,中共中央总书记习近平首次阐述"中国梦",他指出实现中华民族伟大复兴,就是中华民族近代以来最伟大的梦想。2013年3月17日,在十二届全国人大一次会议闭幕会上,新当选的国家主席习近平再次阐述"中国梦",指出:"实现中华民族伟大复兴的中国梦,就是要实现国家富强、民族振兴、人民幸福。"号召人们为实现"中国梦"而努力奋斗。

一、百年追梦与民族自强

梦想是一种奇妙的东西。对于个人,它是人生的追求;对于社会,它是进步的源泉;对于国家,它是发展的动力。在中华民族伟大复兴的背后,是千年的回响、百年的渴望。

(一)"中国梦"记录着中华民族从饱受屈辱到赢得独立解放的非凡历史

中华民族是一个善于制造梦想并勇于追求和实现梦想的民族。早在战国时期《礼记》中就提出了"大同"思想,"大同"社会是历代志士仁人竭力追求的梦想。中华文明以其独有的特色和辉煌走在了世界文明发展的前列,为世界文明发展进步做出过巨大的贡献。从夏、商、周开始,到现在五千多年,整个中华民族植根于亚洲东部大陆,繁衍生息,没有迁徙。中华民族创造了最辉煌的文明,历史上有"文景之治""开元盛世""康乾盛世"。中华文明从未断代,一脉相承。直到18世纪末期,中国的经济规模仍是世界上最大的,相当于20世纪末期美国经济总量在世界经济总量中的比重。然而,随着资本主义生产方式的兴起,随着近代工业革命脚步的加快,中国很快落伍了。

1840年鸦片战争,中国被打败,击破"天朝上国"迷梦。中华民族失去了往日辉煌,逐步沦为半殖民地半封建社会,任人宰割。一系列的侵略战争接踵而至,一系列的不平等条约被迫签订,中华民族遭受的屈辱与苦难举世罕见。从此,争取民族独立、人民解放,实现国家富强、人民幸福,成为近代以来中国的两大历史任务。实现民族独立、国家富强成为现实的中国梦想,其中凝聚了几代中国人的夙愿,体现了中华民族和中国人民的整体利益。

百年屈辱,百年渴望。为了实现国家富强、民族振兴之梦,多少志士仁人苦苦求索、孜孜探寻。从林则徐、魏源努力"睁开眼睛看世界",到李鸿章、曾国藩实行"洋务运动",从康有为、梁启超力行"戊戌变法",到孙中山领导辛亥革命,历经一次次的探索,民族复兴之梦从未泯灭。中国共产党自1921年诞生之日起,就开始带领全国各族人民努力探索中华民族复兴之路,追逐中国梦。中国共产党经历了一次又一次血与火的考验。从大革命失败的血雨腥风到井冈山的星火燎原，从第五次反"围剿"失败到经历万里长征后在抗日烽火中再起，面对日本侵略，建立以国共合作为基础的抗日民族统一战线，经过艰苦卓绝的14年抗争，终于取得了近代以来反抗外敌入侵的第一次完全胜利。党领导人民用了28年时间，为实现民族独立和人民解放进行艰苦卓绝的斗争。

从1840年起，中华民族为实现"中国梦"，整整走过了109年，才迈出了赢得民族独立、人民解放的第一步。在这百余年的前80年间，中国人民始终在黑暗中探索。只有中国共产党的诞生和奋斗，才把中国从黑暗引向了光明，结束了近代以后中国内忧外患、积贫积弱的悲惨命运，开启了中华民族不断发展壮大、走向伟大复兴的历史征程。

（二）"中国梦"承载着为开创中国特色社会主义道路艰辛探索的伟大使命

新中国成立后，以毛泽东同志为核心的第一代中央领导集体带领全党全国各族人民实现了从新民主主义到社会主义的过渡，实现了民族独立和人民解放，在一个经济文化落后的东方大国，为改变国家贫穷落后面貌，开始了在社会主义道路上实现中华民族伟大复兴的历史征程。建立了社会主义民主政治制度，实行人民民主专政，建立了人民代表大会制度和中国共产党领导的多党合作和政治协商制度、民族区域自治制度，以及以公有制为主体、多种所有制经济共同发展的社会主义经济制度，为实现国家繁荣富强和人民共同富裕的历史使命进行了艰辛探索。尽管在探索过程中经历了"大跃进""文化大革命"等严重曲折，但党在社会主义建设时期取得的独创性理论成果和巨大成就，为新的历史时期开创中国特色社会主义提供了宝贵经验、理论准备和物质基础。

开创中国特色社会主义道路的伟大历程同样记载着追梦的艰辛。"文化大革命"十年浩劫，国民经济几乎到了崩溃的边缘。党的十一届三中全会成为中国共产党领导中国人民实现伟大复兴进程中一次重要的历史转折，做出了把全党和全国人民的工作重心转移到社会主义现代化建设上来的战略决策，开创了改革开放和中国特色社会主义事业。改革开放40多年来，我国进入社会主义现代化建设新时期，开辟了实现国家繁荣富强和人民共同富裕的中国特色社会主义道路，神州大地发生惊世巨变，创造出令世人惊叹的中国奇迹，为民族复兴中国梦的继续奋斗奠定了坚实基础。

（三）"中国梦"展现中国特色社会主义似锦前程

中国共产党从逐梦到提出战略目标，再到真正制定逐梦战略目标经历了一个发展过程。1949年新中国的成立，掀开了为实现国家繁荣富强、人民共同富裕而奋斗的新篇章。1961年，毛泽东在同英国元帅蒙哥马利谈话时指出："在我国，要建设起强大的社会主义经济，我估计要花100多年。"这是中国共产党人提出的新的中国梦。1984年，邓小平同志会见参加中外经济合作问题讨论会全体中外代表时谈道：我们第一步是实现翻两番，需要20年，还有第二步，需要30年到50年，恐怕是要50年，接近发达国家的水平。两步加起来，正好50年至70年。这是他提出的改革开放的中国梦。随着改革开放的深入，党的十八大提出了"两个一百年"奋斗目标：一个是在中国共产党成立一百年时全面建成小康社会；另一个是在新中国成立一百年时建成富强、民主、文明、和谐的社会主义现代化国家。这两个百年目标必将成为我们夺取中国特色社会主义新胜利的两座里程碑。

从20世纪80年代党的十三大提出现代化发展"三步走"战略，到党的十五大上将其具体化，提出"两个一百年"奋斗目标，党的十九大综合分析国际国内形势和我国发展条件，提出新的"两步走"战略，从2020年到2035年，在全面建成小康社会的基础上，再奋斗15年，基本实现社会主义现代化，从2035年到本世纪中叶，在基本实现社会主义现代化的基础上，再奋斗15年，把我国建成富强、民主、文明、和谐、美丽的社会主义现代化强国。从"翻一番实现温饱"到"翻一番达到小康"，从21世纪中叶"达到中等发达国家水平"到"建成社会主义现代化国家"再到建成社会主义现代化强国，从"总体小康"到"全面小康"，从"建设小康"到"建成小康"再到"富强、民主、文明、和谐、美丽的社会主义现代化强国"奋斗目标，中华民族实现国家繁荣富强和人民共同富裕，建设中国特色社会主义的伟大实践正在逐步完成，实现中华民族伟大复兴的道路已经找到，中国人民正在建设中国特色社会主义道路上追逐前进，实现"中国梦"的道路越走越宽广。

二、"中国梦"的思想内涵

习近平总书记指出，中国梦的基本内涵是实现国家富强、民族振兴、人民幸福。中国梦是国家情怀、民族情怀、人民情怀相统一的梦，既包含了全面建成小康社会的目标，也包含了建设社会主义现代化国家的目标，还包含了实现中华民族伟大复兴的目标。

（一）"中国梦"是国家的梦

"中国梦"是国家的梦，国家富强是"中国梦"的首要内涵。中华文化历来以社会与国家为中心。鸦片战争后的百年屈辱史证明：国家不强盛，百姓权利和生命财产安全根本得不到保障。改革开放40多年实践也证明，国家强大，人民才会富裕，生活才能安逸。因此，"中国梦"首先是国家富强，就是要实现综合国力进一步跃升，成为富强、民主、文明、和谐、美丽的社会主义现代化强国，中国特色社会主义事业进一步发展和完善，经济更加发达、政治更加民主、文化更加繁荣、社会更加和谐、生态更加美好。

国家梦是现代化的梦，就是建设中国特色社会主义，总任务是实现社会主义现代化和中华民族伟大复兴。

国家梦是全面发展的梦。党的十八大将中国特色社会主义总布局从经济、政治、文化、社会建设"四位一体"升华为还包括生态文明建设的"五位一体"，标志着中华文明格局开启了向物质文明、政治文明、精神文明、社会文明和生态文明全面发展的更高阶段演进。

国家梦是社会和谐的梦。党领导全国各族人民共圆"中国梦"的根本目的，就是要实现好、维护好、发展好最广大人民的根本利益，进而提升全社会的幸福指数，从根本上讲，就是要进一步提升社会和谐的水平。

国家梦是强军梦。强国与强军，是发展中国特色社会主义、实现民族复兴的两大基石。强国梦包含着强军梦，强军梦支撑着强国梦。当今时代，我国面临生存安全和发展安全问题，传统安全威胁和非传统安全威胁相互交织，国家安全问题的综合性、复杂性、多变性日益增强，这就要求国防和军队现代化建设必须有一个大的发展。没有国防的强大，就没有全面小康和国家富强。

（二）"中国梦"是民族的梦

"中国梦"是中华民族的梦。实现民族复兴、超越盛世，使中华民族再次处于世界领先的地位，再次以高昂的姿态屹立于世界先进民族之林。实现中华民族伟大复兴，是中华民族近代以来最伟大的梦想。这个梦想，它凝聚和寄托了几代中国人的夙愿，体现了中华民族和中国人民的整体利益，是每一个中华儿女的共同期盼。"中国梦"是中华民族近代以来最伟大的梦想，深深反映了中华民族世代不懈奋斗、追求进步的光荣传统，也深深体现了今天中国人的理想。"中国梦"揭示了国家和民族发展的必然走向，确立了党和国家事业发展的新的历史坐标，昭示了实现中华民族伟大复兴的信心和抱负。

中华民族伟大复兴，一是民族的复兴。中华民族是一个有着几千年悠久历史的伟大民族。中华民族自秦汉就进入盛世，古代中国曾作为世界上头号富强大国达1500年之久，不仅疆域辽阔，而且对世界文明的贡献巨大。16世纪以前，影响人类生活的重大科技发明约有300项，其中175项是中国人的发明。正是这些重大的发明，使中国的农耕、纺织、冶金、手工制造技术长期处于世界先进水平。直到18世纪末期，中国的经济规模仍然是世界上最大的，且对外贸易出口量巨大。当时西方国家中最富强的英国销往中国的商品总值，尚不足以抵消中国卖给英国的茶叶一项；全世界50万以上人口的大城市当时共有10个，中国就占了6个。但是近代，帝国主义的入侵，西方列强的瓜分，使中国成为积贫积弱的半殖民地半封建国家。仅仅五六十年时间，几乎所有的西方和东方列强通过战争，对中国进行疯狂掠夺，与中国签订了数百个不平等条约，从此民族复兴就成为中华民族的梦想。二是现实的超越。党的十八大明确指出，建设中国特色社会主义的总任务，是实现社会主义现代化和中华民族伟大复兴，为全面建成小康社会而奋斗。提出"两个一百年"奋斗目标，第一个是中国共产党成立一百周年时全面建成小康社会，第二个是新中国成立一百周年时建成富强、民主、文明、和谐的社会主义现代化国家。这是一个更长远的目标。党的十九大明确指出，到21世纪中叶，把我国建成富强、民主、文明、和谐、美丽的社会主义现代化强国，成为综合国力和国际影响力领先的国家，全体人民共同富裕基本实现。我国人民将享有更加幸福安康的生活，中华民族将以更加昂扬的姿态屹立于世界民族之林。

（三）"中国梦"是人民的梦

国家富强之梦、民族复兴之梦，归根到底就是造就人民幸福之梦。人民幸福就是人民权利保障更加充分，人人得享共同发展，人民共同享有人生出彩的机会，共同享有梦想成真的机会，共同享有同祖国和时代一起成长与进步的机会。

只有人民实现了幸福梦，国家才算真正富强，民族才算真正复兴。人民幸福之梦既是一个整体概念，也是一个个体概念。就整体而言，它需要从宏观上创造条件，使每个中国人都过上幸福美好的生活；就个体而言，每个中国人都可以有不同于他人的成功与梦想，国家可以从微观上创造条件使每个人实现与众不同的梦想，使每个人都有人生出彩的机会。"中国梦"是每个中国人的梦，每个中国人都是中华民族大家庭的一员，每个人都有自己的梦想，都在为自己的梦想而努力奋斗；"中国梦"是人民平等共享人生出彩机会的梦，提供给每个人实现自我价值的机会，反映了人民对平等参与、平等发展的权利的追求。"中国梦"反映的是人民的呼声、人民的期待，是人民大众的小康追求，是人民幸福的梦，"中国梦"的最终价值归属是实现人的全面发展。党的十八大明确把"促进人的全面发展"纳入中国特色社会主义道路的内涵之中，并且强调，"不断在实现发展成果由人民共享、促进人的全面发展上取得新成效。"

"中国梦"是全体中国人民幸福的人生梦。"中国梦"要落实到实现家庭幸福、家庭圆满、个人出彩、个人成功、个人幸福上，就是说要落实到每个家庭、每个中国人身上。一切为了人民，一切依靠人民，是中国梦人民维度的内涵，反映了中国梦的价值特征。强国为了富民，强国才能富民。没有人民富裕幸福，发展就不算成功，复兴就不算完成。每个人的发展和命运，既是社会发展和历史命运的映照，同时也汇成了社会发展的主流，构成了历史命运的基调。

习近平总书记强调，中国梦是民族的梦，也是每个中国人的梦。民族梦必须同个人梦融合起来、统一起来，梦想才有生命，梦想才有根基，梦想才有力量。

"中国梦"对于每一个中国人而言，就是能够获得更好的教育、更稳定的工作、更满意的收入、更丰富的文化、更可靠的社会保障、更高水平的医疗卫生服务、更舒适的居住条件、更优美的环境、更均等的机会，就是能够让我们的孩子们成长得更好、工作得更好、生活得更好。进一步说，就是要通过加强民主法治、政治文明建设，让中国人民过上更加富裕、更有尊严的生活，实现每个人自由而全面的发展。

40多年改革开放的实践，为每一个社会成员创造了更多的竞争机会。日益民主宽松的社会环境，给人们提供了可以实现人生价值和人生出彩机会的良好土壤。日益开放的社会，让每一个人有了更多发展机遇、更多成功路径。走向民主的社会，让每一个人有了更多选择的权利、更多保障依靠。迅猛发展的社会信息，让每一个人有了更多表达的渠道、更多施展的舞台。宏大的国家梦正日益演绎为个人梦，并在每个人的努力奋斗中、在时代的不断进步中，慢慢生根、开花、结果。

2011年，姚明在退役发布会上感言："感谢这个伟大、进步的时代，使我有机会去实现自己的梦想和价值。"在中国梦的雄壮交响乐中，无论是实现国家民族的繁荣富强，还是追求普通个体的幸福生活，实现"人的全面发展"始终是最催人奋进的旋律。从站起来，到富起来，再到强起来；从实现总体达到小康水平，到跻身世界第二大经济体，再到构建覆盖全国人民的保障体系……国泰则民安，民富则国强，伟大的中国梦，使个人梦想有了广阔空间。

国家梦、民族梦、人民梦三位一体。中国梦是国家、民族、人民共有、共建、共享的一个梦。国家梦是要使社会主义中国更加繁荣富强，民族梦是要使中华民族在当代世界为人类文明做出更大贡献，人民梦是要使人民主体地位得到充分保障和不断提高。这就把国家、民族的价值追求与人民的价值追求统一起来，把党的历史使命与近代以来中华民族的伟大梦想统一起来，把中华民族共同坚守的理想信念与夺取中国特色社会主义新胜利的行动纲领统一起来，揭示了中国梦的丰富内涵。

国家梦是民族梦、人民梦的政治前提，只有中国特色社会主义才能让民族振兴、人民幸福；国家梦、民族梦是人民梦的可靠保障；人民梦是国家梦、民族梦的根本目的，正如习近平总书记强调的，中国梦归根到底是人民的梦。"民惟邦本，本固邦宁。"国家强盛、民族兴旺，都要以人民的权利得到保障、利益得到实现、幸福得到满足为条件和目的。人民幸福是国家富强、民族振兴的根本出发点和落脚点。只有中国梦成为人民梦，梦想才有生命，梦想才有根基，梦想才有力量。国家好、民族好，个人才能好。中国梦是个人梦想的坚实承载。国家强盛了，其国民才有尊严和安全；国家发展了，每个人才有实现梦想的机遇、追逐梦想的舞台。

三、"中国梦"的实现途径

习近平主席在第十二届全国人民代表大会第一次会议上的深刻阐释,无疑道出了当代中国最耀眼的时代主题:实现中国梦必须走中国道路、弘扬中国精神、凝聚中国力量。

(一)走中国道路

梦想连接道路,道路决定命运。实现中国梦必须走中国道路,就是走中国特色社会主义道路。

中国特色社会主义,承载着几代中国共产党人的理想和探索,寄托着无数志士仁人的夙愿和期盼,凝聚着亿万人民的奋斗和牺牲,是近代以来中国社会发展的必然选择,是发展中国、稳定中国的必由之路。

中国特色社会主义道路,是从改革开放40多年的伟大实践中走出来的,是从中华人民共和国成立70多年的持续探索中走出来的,是从对近代以来170多年中华民族发展历程的深刻总结中走出来的,是从对中华民族5000多年悠久文明的传承中走出来的,具有深厚的历史渊源和广泛的现实基础。

中国特色社会主义道路就是在中国共产党的领导下,立足基本国情,以经济建设为中心,坚持四项基本原则,坚持改革开放,解放和发展社会生产力,建设社会主义市场经济、社会主义民主政治、社会主义先进文化、社会主义和谐社会、社会主义生态文明,促进人的全面发展,逐步实现全体人民共同富裕,建设富强、民主、文明、和谐、美丽的社会主义现代化强国。中国特色社会主义道路,是经过90多年艰辛探索、为40多年成功实践所证明的正确道路。连续30多年的经济高速增长、世界第二的经济总量、14亿人口的总体小康,在全球性金融危机中一枝独秀的表现,在一系列大事、难事、喜事方面的作为等,充分证明了中国特色社会主义的巨大优越性。特别是随着中国特色社会主义道路、理论体系、制度"三位一体"的确立,我们在未来发展的征程上将越来越自觉、越来越自信。

(二)弘扬中国精神

实现中国梦必须弘扬中国精神,就是弘扬以爱国主义为核心的民族精神和以改革创新为核心的时代精神。这是中国梦凝心聚力的兴国之魂、强国之魄。中国历史是一部中华民族爱国主义精神的发展史。古往今来,爱国主义的事例不胜枚举:屈原纵身汨罗江,心系楚国;方志敏受尽酷刑,写就《可爱的中国》……这些爱国主义的先驱可歌可泣的事例,激励了一代又一代人。中国人历来具有家国情怀,古有"齐家治国平天下"的追求,今有"家是最小国,国是千万家"之吟唱。这种精神,弥合了国内各民族、各阶层之间的隔阂,形成了一种强烈的民族归属感、凝聚力、向心力。改革创新始终是激励我们在时代发展中与时俱进的精神力量。40多年来,从农村改革的兴起,到深圳等特区的创立,从社会主义市场经济体制的发展,到中国特色社会主义多项事业的开拓,改革创新精神造就了历史的巨变,成就了今天的中国。站在新起点上的中国,无论是冲破思想观念障碍,还是打破利益固化藩篱,无论是破解发展难题,还是释放改革红利,都需要继续发扬改革创新精神,这样才能赢得更加光明的前景。

中华人民共和国逐梦的征程中，中华民族不断从中国精神中汲取力量，又不断赋予中国精神新的内涵。井冈山精神、长征精神、延安精神、西柏坡精神、大庆精神、雷锋精神、"两弹一星"精神、抗洪精神、奥运精神、航天精神，这些精神是我们中华民族的骄傲，也是我们实现"中国梦"的灵魂。

其中，共产党人是传承中国精神的"火炬手"——

从雷锋、时传祥，到今天的最美基层干部菊美多吉、王淑媛……无数共产党员团结带领人民，与时俱进，不断构筑中国精神新高地，书写中国梦想新篇章。

广袤的大地上，亿万人民也在历史的进程中用行动书写中国精神，丰富中国精神。人们看到了这些令人难忘的场面：男友紧紧搂住女友、母亲用双手护住儿子、姐姐用身躯挡住墙壁……芦山大地震瞬间，人们读懂了"人间大爱"。人们看到了让人感怀的行为：乘电梯、购物、买票、就餐等自觉排队……文明之风深深镌刻在城市精神里。人们看到了无私奉献：中华大地，无数志愿者在行动……

蓬勃发展的中国，人们有更多的梦想，也有更多实现梦想的机会。逐梦中，我们看到了中国精神的传承与升华——

"天下兴亡，匹夫有责"，中国传统文化迸发出强大凝聚力；"团结、奉献、互助、友爱"，现代志愿精神拓展新内涵；"众志成城、和衷共济"，因千万个平民英雄的真情故事而鲜活；"坚守岗位、干好本职"，为爱国主义增添理性的厚度……

（三）凝聚中国力量

实现中国梦必须凝聚中国力量，就是凝聚中国各族人民大团结的力量，是全体中国人汇聚而成的整体力量。中国梦是伟大的事业，中国梦是宏伟的蓝图。伟大的事业、宏伟的蓝图要有强大的力量来保障。中国力量在战争年代表现为不屈不挠、勇往直前的力量，在和平年代表现为勤俭创业、艰苦奋斗的力量，在改革开放时期表现为奋勇拼搏、开拓创新的力量。

中国梦是民族的梦，也是每个中国人的梦。每个人的前途命运都是与国家和民族的前途命运紧密相连的。中国梦的实现离不开中国人民万众一心的努力，涓流汇海、聚沙成塔，中国力量就是全体中国人心往一处想、劲往一处使，依靠全国各族人民大团结的力量，不断将中国特色社会主义事业推向前进，实现中华民族伟大复兴的梦想。

众志成城华夏魂，沧海桑田中国梦。我们必须在依靠人民、造福人民中实现中国梦。依靠人民与造福人民，本质上体现了马克思主义执政党的内在品格，也揭示了实现中国梦的手段与目的相统一的理论底蕴。造福人民，始终把实现好、维护好、发展好人民群众的利益作为党和国家一切工作的出发点与落脚点。我们要随时随地倾听人民呼声、回应人民期待，保证人民平等参与、平等发展的权利，维护社会公平正义，在学有所教、劳有所得、病有所医、老有所养、住有所居上持续取得新进展，不断实现好、维护好、发展好最广大人民根本利益，使发展成果更多、更公平地惠及全体人民，在经济社会不断发展的基础上，朝着共同富裕方向稳步前进。

凝聚中国力量是实现中国梦的根本途径。中国共产党的成长历史，就是依靠人民的奋斗史。无论是井冈山的南瓜汤、延安的小米饭，还是沂蒙红嫂的乳汁、淮海民众的小车；无论是唐山的振兴、汶川的重建，还是奥运的成功、世博的辉煌，无不体现了党密切联系人民群众的优良传统与作风。实现中华民族伟大复兴的中国梦,要相信人民、尊重人民,更需要发挥人民群众的积极性、主动性。

实践证明,用全体中国人汇集起来的磅礴伟力,是克服各种困难、战胜风险挑战的决定性因素,是实现中国梦的强大力量。

四、"中国梦"的实践要求

要圆"中国梦",要让梦想变成现实,关键在行动,在于实干。邓小平同志曾讲过一句话:不干,半点马克思主义都没有。同样,不干,半点"中国梦"都没有。要想让梦想照进现实只有一句话,就是习近平主席讲的"空谈误国,实干兴邦"。中华民族之所以迎来复兴的曙光,靠的就是一代又一代人的艰辛奋斗和埋头苦干。"中国梦"是干出来的。只有行动第一,实干第二,才能为"中国梦"照进现实打下坚实基础、提供根本保障。

(一)坚持求真务实

改革开放以来,中国梦与中国特色社会主义同行,创造了人间奇迹。1979—2018年中国经济年均增长率达9.4%,远高于同期世界经济2.9%左右的年均增速,经济总量跃居世界第二,人均GDP迈进中等偏上收入国家行列,实现了人民生活从贫困到温饱再到小康的历史性跨越。中国特色社会主义的发展,让我们今天比历史上任何时期都更接近中华民族伟大复兴的目标,比历史上任何时期都更有信心、更有能力实现这个目标。但是,同时我们也应该清醒地认识到,我国仍处于并将长期处于社会主义初级阶段的国情没有变,我国是世界最大发展中国家的国际地位没有变。这就要求我们牢牢把握我们目前所处的社会发展阶段——社会主义初级阶段这个最大国情和最大实际,这是我们"中国梦"最大的出发点,我们不是在发达国家的基础上建设"中国梦",也不是在保守落后的环境下建设的,所以我们要求真务实,做到对社会主义初级阶段既不要轻易说跨越,又不能不思跨越。而是一切从实际出发,出实策、鼓实劲、办实事,夙夜在公、勤勉工作,杜绝追求表面文章,不讲实际效果、实际效率、实际速度、实际质量、实际成本的形式主义,需要脚踏实地依靠全体人民的创造性劳动,需要一代又一代中国人为之顽强奋斗、艰苦奋斗、不懈奋斗,一步一个脚印地描绘蓝图、实现梦想。

(二)勇于攻坚克难

实现中华民族伟大复兴的中国梦,是一项光荣而艰巨的事业,不会一蹴而就,也不可能一帆风顺。我们的事业前无古人,通往梦想的道路并不平坦。越往前走,问题会越多、考验也越大,可能会遇到巨大的阻力,遭受巨大的压力,需要蹚过"深水区"、踏过"地雷阵"。需要以更大的政治勇气和智慧,更大的政治觉悟和热情,需要"敢于啃硬骨头、敢于涉险滩"的精神,需要壮士断腕般的决心,突破制约"中国梦"实现的利益固化的藩篱,消除阻碍"中国梦"实现的不正当行为,为"中国梦"的实现扫清障碍、铺平道路。

(三)善于开拓创新

"中国梦"是以开拓创新为支撑的梦想。在社会主义初级阶段的背景下实现中华民族伟大复兴，在经济相对落后的发展中国家的基础上建设现代化，在14亿人口的国度实现共同富裕，在以西方为主导的世界格局中实现大国的和平发展等，所有这些都是过去从来没有过的全新事物、全新探索、全新实践。在这个意义上，"中国梦"也是人类社会前所未有的一个崭新的梦。这就要求我们不能满足于寻常的做法，更不能因循守旧，而要以开拓创新的精神去寻找新方法、探索新路径、积累新经验、采取新举措，用创新走出新路，用创新实现新梦。

把"中国梦"变成现实，还有很长的路。不会一蹴而就，更不能一劳永逸，只有承前启后，继往开来，拼搏进取，真抓实干，通过坚持不懈的努力，中华民族的伟大复兴才不会是海市蜃楼。只有既不妄自菲薄，也不妄自尊大，始终做到不动摇、不懈怠、不折腾、顽强奋斗、艰苦奋斗、不懈奋斗，真抓实干，才能实现"中国梦"。

拓展阅读

习近平：在同各界优秀青年代表座谈时的讲话

青年朋友们，同志们：

今天是五四青年节。在这个属于青春的日子里，很高兴来参加"实现中国梦、青春勇担当"主题团日活动，同各条战线的优秀青年代表一起交流，聆听大家抒发与祖国共奋进、与时代齐发展的青春感受。

首先，我代表党中央，向全国各族各界青年，致以节日的问候！向荣获中国青年五四奖章的青年朋友们，向中国大学生和全国高校辅导员年度人物、中国青年创业奖获得者、全国农村青年致富带头人标兵、"西部计划"优秀志愿者等优秀青年代表，表示热烈的祝贺！向各行各业的先进青年典型，表示由衷的敬意！

我们同青年朋友们到航天城来，就是要实地感受载人航天精神，激励包括广大青年在内的全国各族人民为实现中华民族伟大复兴的中国梦而奋斗。

刚才，不同领域的优秀青年代表做了很好的发言。在你们身上，充分体现了当代青年报效祖国的远大志向、朝气蓬勃的精神风貌、自强不息的意志品格、甘于奉献的思想境界，也充分体现了广大青年对中国特色社会主义的坚定信念、对实现中华民族伟大复兴的必胜信心。

青年最富有朝气、最富有梦想。近代以来，我国青年不懈追求的美好梦想，始终与振兴中华的历史进程紧密相连。在革命战争年代，广大青年满怀革命理想，为争取民族独立、人民解放冲锋陷阵、抛洒热血。在社会主义革命和建设时期，广大青年响应党的号召，向困难进军，向荒原进军，保卫祖国，建设祖国，在新中国的广阔天地忘我劳动、艰苦创业。在改革开放历史新时期，广大青年发出团结起来、振兴中华的时代强音，为祖国繁荣富强开拓奋进、锐意创新。在最近的芦山抗震救灾中，大批青年临危不惧、顽强拼搏，广大青年心系灾区、无私奉献，为抗震救灾作出了重要贡献。

历史和现实都告诉我们，青年一代有理想、有担当，国家就有前途，民族就有希望，实现我们的发展目标就有源源不断的强大力量。

党的十八大描绘了全面建成小康社会、加快推进社会主义现代化的宏伟蓝图，发出了向实现"两个一百年"奋斗目标进军的时代号召。根据党的十八大精神，我们明确提出要实现中华民族伟大复兴的中国梦。现在,大家都在谈论中国梦,都在思考中国梦与自己的关系、自己为实现中国梦应尽的责任。

——中国梦是历史的、现实的,也是未来的。中国梦凝结着无数仁人志士的不懈努力,承载着全体中华儿女的共同向往,昭示着国家富强、民族振兴、人民幸福的美好前景。

——中国梦是国家的、民族的,也是每一个中国人的。国家好、民族好,大家才会好。只有每个人都为美好梦想而奋斗,才能汇聚起实现中国梦的磅礴力量。

——中国梦是我们的,更是你们青年一代的。中华民族伟大复兴终将在广大青年的接力奋斗中变为现实。

在革命、建设、改革各个历史时期,中国共产党始终高度重视青年、关怀青年、信任青年,对青年一代寄予殷切期望。中国共产党从来都把青年看作是祖国的未来、民族的希望,从来都把青年作为党和人民事业发展的生力军,从来都支持青年在人民的伟大奋斗中实现自己的人生理想。

现在,我们比历史上任何时期都更接近实现中华民族伟大复兴的目标,比历史上任何时期都更有信心、更有能力实现这个目标。行百里者半九十。距离实现中华民族伟大复兴的目标越近,我们越不能懈怠,越要加倍努力,越要动员广大青年为之奋斗。

展望未来,我国青年一代必将大有可为,也必将大有作为。这是"长江后浪推前浪"的历史规律,也是"一代更比一代强"的青春责任。广大青年要勇敢肩负起时代赋予的重任,志存高远,脚踏实地,努力在实现中华民族伟大复兴的中国梦的生动实践中放飞青春梦想。

第一,广大青年一定要坚定理想信念。"功崇惟志,业广惟勤。"理想指引人生方向,信念决定事业成败。没有理想信念,就会导致精神上"缺钙"。中国梦是全国各族人民的共同理想,也是青年一代应该牢固树立的远大理想。中国特色社会主义是我们党带领人民历经千辛万苦找到的实现中国梦的正确道路,也是广大青年应该牢固确立的人生信念。

广大青年要坚持用邓小平理论、"三个代表"重要思想、科学发展观武装头脑,把理想信念建立在对科学理论的理性认同上,建立在对历史规律的正确认识上,建立在对基本国情的准确把握上,不断增强道路自信、理论自信、制度自信,增强对坚持党的领导的信念,永远紧跟党,高高举起中国特色社会主义伟大旗帜。

第二,广大青年一定要练就过硬本领。学习是成长进步的阶梯,实践是提高本领的途径。青年的素质和本领直接影响着实现中国梦的进程。古人说:"学如弓弩,才如箭镞。"说的是学问的根基好比弓弩,才能好比箭头,只要依靠厚实的见识来引导,就可以让才能很好发挥作用。青年人正处于学习的黄金时期,应该把学习作为首要任务,作为一种责任、一种精神追求、一种生活方式,树立梦想从学习开始、事业靠本领成就的观念,让勤奋学习成为青春远航的动力,让增长本领成为青春搏击的能量。

广大青年要坚持面向现代化、面向世界、面向未来,增强知识更新的紧迫感,如饥似渴学习,既扎实打牢基础知识又及时更新知识,既刻苦钻研理论又积极掌握技能,不断提高与时代发展和事业要求相适应的素质和能力。要坚持学以致用,深入基层、深入群众,在改革开放和社会主义现代化建设的大熔炉中,在社会的大学校里,掌握真才实学,增益其所不能,努力成为可堪大用、能担重任的栋梁之材。

第三,广大青年一定要勇于创新创造。创新是民族进步的灵魂,是一个国家兴旺发达的不竭源泉,也是中华民族最深沉的民族禀赋,正所谓"苟日新,日日新,又日新"。生活从不眷顾因循守旧、满足现状者,从不等待不思进取、坐享其成者,而是将更多机遇留给善于和勇于创新的人们。青年是社会上最富活力、最具创造性的群体,理应走在创新创造前列。

广大青年要有敢为人先的锐气,勇于解放思想、与时俱进,敢于上下求索、开拓进取,树立在继承前人的基础上超越前人的雄心壮志,"以青春之我……,创建青春之国家,青春之民族"。要有逢山开路、遇河架桥的意志,为了创新创造而百折不挠、勇往直前。要有探索真知、求真务实的态度,在立足本职的创新创造中不断积累经验、取得成果。

第四,广大青年一定要矢志艰苦奋斗。"宝剑锋从磨砺出,梅花香自苦寒来。"人类的美好理想,都不可能唾手可得,都离不开筚路蓝缕、手胼足胝的艰苦奋斗。我们的国家,我们的民族,从积贫积弱一步一步走到今天的发展繁荣,靠的就是一代又一代人的顽强拼搏,靠的就是中华民族自强不息的奋斗精神。当前,我们既面临着重要发展机遇,也面临着前所未有的困难和挑战。梦在前方,路在脚下。自胜者强,自强者胜。实现我们的发展目标,需要广大青年锲而不舍、驰而不息的奋斗。

广大青年要牢记"空谈误国、实干兴邦",立足本职、埋头苦干,从自身做起,从点滴做起,用勤劳的双手、一流的业绩成就属于自己的人生精彩。要不怕困难、攻坚克难,勇于到条件艰苦的基层、国家建设的一线、项目攻关的前沿,经受锻炼,增长才干。要勇于创业、敢闯敢干,努力在改革开放中闯新路、创新业,不断开辟事业发展新天地。

第五,广大青年一定要锤炼高尚品格。中国特色社会主义是物质文明和精神文明全面发展的社会主义。一个没有精神力量的民族难以自立自强,一项没有文化支撑的事业难以持续长久。青年是引风气之先的社会力量。一个民族的文明素养很大程度上体现在青年一代的道德水准和精神风貌上。

广大青年要把正确的道德认知、自觉的道德养成、积极的道德实践紧密结合起来,自觉树立和践行社会主义核心价值观,带头倡导良好社会风气。要加强思想道德修养,自觉弘扬爱国主义、集体主义、社会主义思想,积极倡导社会公德、职业道德、家庭美德。要牢记"从善如登,从恶如崩"的道理,始终保持积极的人生态度、良好的道德品质、健康的生活情趣。要倡导社会文明新风,带头学雷锋,积极参加志愿服务,主动承担社会责任,热诚关爱他人,多做扶贫济困、扶弱助残的实事好事,以实际行动促进社会进步。

为实现中华民族伟大复兴的中国梦而奋斗,是中国青年运动的时代主题。共青团要在广大青少年中深入开展"我的中国梦"主题教育实践活动,为每个青少年播种梦想、点燃梦想,让更多青少年敢于有梦、勇于追梦、勤于圆梦,让每个青少年都为实现中国梦增添强大青春能量。要用中国梦打牢广大青少年的共同思想基础,教育和帮助青少年树立正确的世界观、人生观、价值观,永远热爱我们伟大的祖国,永远热爱我们伟大的人民,永远热爱我们伟大的中华民族,坚定跟着党走中国道路。要用中国梦激发广大青少年的历史责任感,发扬"党有号召、团有行动"的光荣传统,在党和国家工作大局中找准自身工作的切入点和结合点，组织动员广大青少年支持改革、促进发展、维护稳定。要积极为广大青少年实现梦想提供服务，切实改进作风，深入基层、走进青年，想青年之所想，急青年之所急，代表和维护青少年普遍性利益诉求，努力为广大青少年成长成才创造良好环境。

青年模范人物是广大青少年学习的榜样，肩负着更多社会责任和公众期望，在青少年中乃至全社会都有着很强的示范带动作用。希望青年模范们再接再厉、严于律己、锐意进取，用自身的成长历程、精神追求、模范行动为广大青少年做好表率。

青年兴则国家兴，青年强则国家强。我们党自成立之日起，就始终代表广大青年、赢得广大青年、依靠广大青年。各级党委和政府要充分信任青年、热情关心青年、严格要求青年，为青年驰骋思想打开更浩瀚的天空，为青年实践创新搭建更广阔的舞台，为青年塑造人生提供更丰富的机会，为青年建功立业创造更有利的条件。各级领导干部要关注青年愿望、帮助青年发展、支持青年创业，做青年朋友的知心人，做青年工作的热心人。

青年朋友们，人的一生只有一次青春。现在，青春是用来奋斗的；将来，青春是用来回忆的。人生之路，有坦途也有陡坡，有平川也有险滩，有直道也有弯路。青年面临的选择很多，关键是要以正确的世界观、人生观、价值观来指导自己的选择。无数人生成功的事实表明，青年时代，选择吃苦也就选择了收获，选择奉献也就选择了高尚。青年时期多经历一点摔打、挫折、考验，有利于走好一生的路。要历练宠辱不惊的心理素质，坚定百折不挠的进取意志，保持乐观向上的精神状态，变挫折为动力，用从挫折中吸取的教训启迪人生，使人生获得升华和超越。总之，只有进行了激情奋斗的青春，只有进行了顽强拼搏的青春，只有为人民作出了奉献的青春，才会留下充实、温暖、持久、无悔的青春回忆。

青年朋友们，我坚信，在党的领导下，只要全国各族人民紧密团结、脚踏实地、开拓进取，到本世纪中叶，我们必将建成富强、民主、文明、和谐、的社会主义现代化国家，我国广大青年必将同全国各族人民一道共同见证、共同享有中国梦的实现！

（摘自 2013 年 5 月 4 日新华网）

 思考题

1. 试述"中国梦"的思想内涵。
2. 如何实现"中国梦"？

 参考文献

[1] 石仲泉. 中国共产党与民族复兴的中国梦[R/OL]. （2013-07-01）[2017-05-30]. http://theory.people.com.cn/ n/2013/0701/c40531-22026997.html.

[2] 中共中央宣传部理论局. 中国梦 我们的梦[M]. 北京：学习出版社，2013.

[3] 辛鸣. 中国梦：内涵·路径·保障[N]. 人民日报，2013-01-04（7）.

[4] 陈铭杰. 中国青年与中国梦[N]. 中国青年报，2013-05-14（8）.

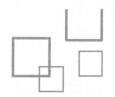

专题二

深入学习贯彻第十三届全国人民代表大会第三次会议精神

2020年,中华民族站在重要节点。2020年既是中国决胜全面建成小康社会、决战决胜脱贫攻坚的收官之年,也是两个"五年规划"的交接之年,还是抗击新冠肺炎疫情的特殊之年。全国两会顺利"重启",既是中国新冠疫情防控阻击战取得重大战略成果的有力证明,更是中国社会逐步恢复常态、经济逐步走向复苏的显著标志,具有非同寻常的历史性意义。

一、第十三届全国人民代表大会第三次会议概况

(一)第十三届全国人民代表大会第三次会议议程

第十三届全国人民代表大会第三次会议于2020年5月22—28日在北京隆重举行。议程有:①审议政府工作报告;②审查2019年国民经济和社会发展计划执行情况与2020年国民经济和社会发展计划草案的报告、2020年国民经济和社会发展计划草案;③审查2019年中央和地方预算执行情况与2020年中央和地方预算草案的报告、2020年中央和地方预算草案;④审议全国人民代表大会常务委员会关于提请审议《中华人民共和国民法典(草案)》的议案;⑤审议全国人民代表大会常务委员会关于提请审议《全国人民代表大会关于建立健全香港特别行政区维护国家安全的法律制度和执行机制的决定(草案)》的议案;⑥审议全国人民代表大会常务委员会工作报告;⑦审议最高人民法院工作报告;⑧审议最高人民检察院工作报告;⑨其他。

(二)第十三届全国人民代表大会第三次会议决议

(1)通过了第十三届全国人大三次会议关于政府工作报告的决议。会议充分肯定了国务院过去一年多的工作,同意报告提出的2020年经济社会发展的总体要求、主要目标和重点任务,决定批准这个报告。

(2)通过了《中华人民共和国民法典》。国家主席习近平签署第45号主席令公布这部法律,自2021年1月1日起施行。

(3)通过了全国人民代表大会关于建立健全香港特别行政区维护国家安全的法律制度和执行机制的决定。决定自公布之日起施行。

(4)通过了十三届全国人大三次会议关于2019年国民经济和社会发展计划执行情况

与 2020 年国民经济和社会发展计划的决议,决定批准关于 2019 年国民经济和社会发展计划执行情况与 2020 年国民经济和社会发展计划草案的报告,批准 2020 年国民经济和社会发展计划;通过了十三届全国人大三次会议关于 2019 年中央和地方预算执行情况与 2020 年中央和地方预算的决议,决定批准关于 2019 年中央和地方预算执行情况与 2020 年中央和地方预算草案的报告,批准 2020 年中央预算。

(5) 通过了十三届全国人大三次会议关于全国人大常委会工作报告的决议。会议充分肯定了十三届全国人大二次会议以来常委会的工作,同意报告提出的今后一个阶段的主要任务和工作安排,决定批准这个报告。

(6) 通过了十三届全国人大三次会议关于最高人民法院工作报告的决议、关于最高人民检察院工作报告的决议,决定批准这两个报告。

(7) 通过了十三届全国人大三次会议关于确认全国人大常委会接受冯忠华辞去十三届全国人大常委会委员职务的请求的决定。

二、第十三届全国人民代表大会第三次会议的主要内容

(一)《政府工作报告》基本内容

1. 求真务实精神做好"六稳""六保"

《政府工作报告》不设 GDP 增长目标,反映了中央政府决策的实事求是。这是因为:①疫情走势的不确定性。我们虽然取得了抗击新冠肺炎疫情第一阶段胜利,同时我国发展面临一些难以预料的影响因素,疫情对中国经济的冲击是非常严重的,一季度 GDP 增长率是负的 6.8%。就世界整体而言,全球疫情不确定性很大,新冠肺炎疫情尚未得到有效控制,存在反复的可能性。②世界经济的不确定性。疫情是当前影响全球经济活动的最大因素。一季度,全球主要经济体已经出现较大幅度的负增长。各国经济都处于巨大的不确定性之中。③把工作重心放在保民生和保稳定上,不过分强调经济增长速度,引导各方面集中精力抓好"六稳""六保"。总之,中国内部与外部环境都有不确定性,不设经济增长指标是求真务实。无论是稳就业保民生、实现脱贫目标,还是防范化解重大风险,都需要经济增长支撑,稳定经济运行事关全局。总的来看,2020 年宏观政策仍将"稳"字当头,加大逆周期调节力度,但重心全面转向"六稳""六保"。

2018 年我国国际国内经济形势都面临着错综复杂的风险,中央提出"六稳":要求稳就业、稳金融、稳外贸、稳外资、稳投资和稳预期。而 2020 年受到新冠肺炎疫情的冲击,国内外形势面临前所未有的困难挑战,就业、经济都有很大压力。中央又提出"六保",即保居民就业、保基本民生、保市场主体、保粮食能源安全、保产业链供应链稳定和保基层运转。《政府工作报告》中提出,守住"六保"底线,就能稳住经济基本盘;以保促稳、稳中求进,就能为全面建成小康社会夯实基础。

2. 积极的财政政策和稳健的货币政策协同发力稳企业保就业

积极的财政政策要更加积极有为。《政府工作报告》指出,2020 年赤字率拟按 3.6%以上安排,财政赤字规模比 2019 年增加 1 万亿元,同时发行 1 万亿元抗疫特别国债。上述 2 万亿元全部转给地方,建立特殊转移支付机制,资金直达市县基层、直接惠企利民,

主要用于保就业、保基本民生、保市场主体，包括支持减税降费、减租降息、扩大消费和投资等，强化公共财政属性，决不允许截留挪用。

加大减税降费力度。继续执行2019年出台的下调增值税税率和企业养老保险费率政策，新增减税降费约5 000亿元。前期出台6月前到期的减税降费政策，包括免征中小微企业养老、失业和工伤保险单位缴费，减免小规模纳税人增值税，免征公共交通运输、餐饮住宿、旅游娱乐、文化体育等服务增值税，减免民航发展基金、港口建设费，执行期限全部延长到2020年年底。小微企业、个体工商户所得税缴纳一律延缓到2021年。预计2020年为企业新增减负超过2.5万亿元。

稳健的货币政策要更加灵活适度。《政府工作报告》提出，综合运用降准降息、再贷款等手段，引导广义货币供应量和社会融资规模增速明显高于2019年。保持人民币汇率在合理均衡水平上基本稳定。创新直达实体经济的货币政策工具，务必推动企业便利获得贷款，推动利率持续下行。

《政府工作报告》中指出，强化对稳企业的金融支持。中小微企业贷款延期还本付息政策再延长至2021年3月底，对普惠型小微企业贷款应延尽延，对其他困难企业贷款协商延期。完善考核激励机制，鼓励银行敢贷、愿贷、能贷，大幅增加小微企业信用贷、首贷、无还本续贷，利用金融科技和大数据降低服务成本，提高服务精准性。大幅拓展政府性融资担保覆盖面并明显降低费率。大型商业银行普惠型小微企业贷款增速要高于40%。

3．确保实现脱贫攻坚目标

2020年3月6日，中共中央总书记、国家主席、中央军委主席习近平在北京出席决战决胜脱贫攻坚座谈会并发表重要讲话。强调高度重视打赢脱贫攻坚战面临的困难挑战。

（1）剩余脱贫攻坚任务艰巨。全国还有52个贫困县未摘帽、2 707个贫困村未出列、建档立卡贫困人口未全部脱贫。虽然同过去相比总量不大，但都是贫中之贫、困中之困，是最难啃的硬骨头。剩余建档立卡贫困人口中，老年人、患病者、残疾人的比例达到45.7%。

（2）新冠肺炎疫情带来新的挑战。疫情对脱贫攻坚的影响主要表现在以下几个方面：①外出务工受阻。现在，一些贫困劳动力外出务工受到影响，如不采取措施，短时间内收入就会减少。②扶贫产品销售和产业扶贫困难。贫困地区农畜牧产品卖不出去，农用物资运不进来，生产和消费下降，影响产业扶贫增收。③扶贫项目停工。易地扶贫搬迁配套、饮水安全工程、农村道路等项目开工不足，不能按计划推进。④帮扶工作受到影响。一些疫情严重的地区，挂职干部和驻村工作队暂时无法到岗。

（3）巩固脱贫成果难度很大。已脱贫的地区和人口中，有的产业基础比较薄弱，有的产业项目同质化严重，有的就业不够稳定，有的政策性收入占比高。据各地初步摸底，已脱贫人口中有近200万人存在返贫风险，边缘人口中还有近300万存在致贫风险。

（4）脱贫攻坚工作需要加强。当前，最大的问题是防止松劲懈怠、精力转移。但是，随着越来越多贫困人口脱贫、贫困县摘帽，一些地方出现了工作重点转移、投入力度下降、干部精力分散的现象。部分贫困群众发展的内生动力不足。

到2020年确保我国现行标准下农村贫困人口实现脱贫、贫困县全部摘帽、解决区域性整体贫困问题，是我们党对人民、对历史的郑重承诺。

从全国看，截至2019年年底，全国97%的建档立卡贫困人口顺利脱贫，94%的贫困县实现摘帽，区域性整体贫困基本得到解决。截至 2020 年 4 月 29 日，我国已有河北、山西、内蒙古、吉林、黑龙江、河南、湖南、海南、重庆、西藏、陕西、青海、湖北、江西、安徽等 15 个省（区、市）的贫困县，实现了全部脱贫摘帽。但目前全国还有 52 个贫困县未摘帽、2 707 个贫困村未出列、建档立卡贫困人口未全部脱贫。"脱贫攻坚"是全国两会上备受关注的焦点之一，是全年政府工作的重点内容。"确保完成决战决胜脱贫攻坚目标任务，全面建成小康社会。"是政府工作报告定下的目标，向全社会展示了中央政府脱贫攻坚决战的决心和决胜收官战的信心。脱贫攻坚的目标任务不会改变，现行扶贫标准不会改变，打赢脱贫攻坚战的时间节点不会改变。《政府工作报告》明确了全年打赢脱贫攻坚战的八项重点举措：

(1) 加大剩余贫困县和贫困村攻坚力度，对外出务工劳动力，要在就业地稳岗就业。
(2) 开展消费扶贫行动，支持扶贫产业恢复发展。
(3) 加强易地扶贫搬迁后续扶持。
(4) 深化东西部扶贫协作和中央单位定点扶贫。
(5) 强化对特殊贫困人口兜底保障。
(6) 搞好脱贫攻坚普查。
(7) 继续执行对摘帽县的主要扶持政策。
(8) 接续推进脱贫与乡村振兴有效衔接，全力让脱贫群众迈向富裕。

(二) 审议通过新中国第一部民法典

1. 新中国第一部民法典诞生

党和国家曾于 1954 年、1962 年、1979 年和 2001 年四次启动民法制定工作。经过多年努力，我国已经先后制定了《婚姻法》《继承法》《民法通则》《收养法》《担保法》《合同法》《物权法》《侵权责任法》等民事立法，逐步形成了比较完整的民事法律规范体系，民事司法实践积累了丰富经验，民法理论研究也达到了较高水平，为编纂民法典奠定了较好的制度基础、实践基础和理论基础。

2014 年 10 月，党的十八届四中全会提出编纂民法典这一重大立法任务。2015 年 3 月，全国人大常委会法工委启动民法典编纂工作，明确了"两步走"的规划：第一步先出台民法总则；第二步编纂民法典各分编，适时出台民法典。2017 年 3 月，十二届全国人大五次会议通过了民法总则，民法典编纂"第一步"完成；2018 年 8 月，十三届全国人大常委会第五次会议对民法典各分编草案进行了初次审议，民法典编纂迈出"第二步"。

2019 年 12 月 23 日，由民法总则和民法典各分编草案合并组成的《中华人民共和国民法典（草案）》提交十三届全国人大常委会第十五次会议审议，这是合并后的民法典草案首次亮相。2020 年 5 月 22 日，《中华人民共和国民法典（草案）》正式提请十三届全国人大三次会议审议。2020 年 5 月 28 日十三届全国人大三次会议，表决通过了《中华人民共和国民法典》，新中国第一部民法典正式诞生。国家主席习近平签署第 45 号主席令予以公布这部法律。

2.《中华人民共和国民法典》的主要内容

《中华人民共和国民法典》共 7 编、1 260 条，各编依次为总则、物权、合同、人格权、婚姻家庭、继承、侵权责任，最后为附则。

第一编"总则",主要内容有:

(1)关于基本规定。将"弘扬社会主义核心价值观"作为一项重要的立法目的,体现坚持依法治国与以德治国相结合的鲜明中国特色。规定了民事权利及其他合法权益受法律保护,确立了平等、自愿、公平、诚信、守法和公序良俗等民法基本原则。为贯彻习近平生态文明思想,将绿色原则确立为民法的基本原则。

(2)关于民事主体。民事主体是民事关系的参与者、民事权利的享有者、民事义务的履行者和民事责任的承担者。

(3)关于民事权利。保护民事权利是民事立法的重要任务。

(4)关于民事法律行为和代理。民事法律行为是民事主体通过意思表示设立、变更、终止民事法律关系的行为,代理是民事主体通过代理人实施民事法律行为的制度。

(5)关于民事责任、诉讼时效和期间计算。

第二编"物权",主要内容有:

(1)关于通则。规定了物权制度基础性规范,包括平等保护等物权基本原则,物权变动的具体规则,以及物权保护制度。

(2)关于所有权。所有权是物权的基础,是所有人对自己的不动产或者动产依法享有占有、使用、收益和处分的权利。

(3)关于用益物权。用益物权是指权利人依法对他人的物享有占有、使用和收益的权利。

(4)关于担保物权。担保物权是指为了确保债务履行而设立的物权,包括抵押权、质权和留置权。

(5)关于占有。占有是指对不动产或者动产事实上的控制与支配。

第三编"合同",主要内容有:

(1)关于通则。规定了合同的订立、效力、履行、保全、转让、终止、违约责任等一般性规则,并在现行《合同法》的基础上,完善了合同总则制度。

(2)关于典型合同。典型合同在市场经济活动和社会生活中应用普遍。

(3)关于准合同。无因管理和不当得利既与合同规则同属债法性质的内容,又与合同规则有所区别。

第四编"人格权",主要内容有:

(1)关于一般规定。规定了人格权的一般性规则。

(2)关于生命权、身体权和健康权。规定了生命权、身体权和健康权的具体内容,并对实践中社会比较关注的有关问题做了有针对性的规定。

(3)关于姓名权和名称权。规定了姓名权、名称权的具体内容,并对民事主体尊重保护他人姓名权、名称权的基本义务做了规定。

(4)关于肖像权。规定了肖像权的权利内容及许可使用肖像的规则,明确禁止侵害他人的肖像权。

(5)关于名誉权和荣誉权。规定了名誉权和荣誉权的内容。

(6)关于隐私权和个人信息保护。

第五编"婚姻家庭",主要内容有:

(1)关于一般规定。重申了婚姻自由、一夫一妻、男女平等等婚姻家庭领域的基本原则和规则，在现行《婚姻法》的基础上进一步完善。

（2）关于结婚。规定了结婚制度，在现行《婚姻法》的基础上对有关规定进行了完善。

（3）关于家庭关系。规定了夫妻关系、父母子女关系和其他近亲属关系，并根据社会发展需要，在现行《婚姻法》的基础上，完善了有关内容。

（4）关于离婚。对离婚制度做出了规定，并在现行《婚姻法》的基础上，进一步完善。

（5）关于收养。对收养关系的成立、收养的效力、收养关系的解除做了规定，并在现行《收养法》的基础上，进一步完善了有关制度。

第六编"继承"，主要内容有：

（1）关于一般规定。规定了继承制度的基本规则，重申了国家保护自然人的继承权，规定了继承的基本制度，并在现行《继承法》的基础上进一步完善。

（2）关于法定继承。规定了法定继承制度，明确了继承权男女平等原则，规定了法定继承人的顺序和范围，以及遗产分配的基本制度。同时，在现行《继承法》的基础上，完善代位继承制度。

（3）关于遗嘱继承和遗赠。规定了遗嘱继承和遗赠制度，并在现行《继承法》的基础上，进一步修改完善了遗嘱继承制度，切实尊重遗嘱人的真实意愿。

（4）关于遗产的处理。规定了遗产处理的程序和规则，并在现行《继承法》的基础上，进一步完善了有关遗产处理的制度。

第七编"侵权责任"，主要内容有：

（1）关于一般规定。规定了侵权责任的归责原则、多数人侵权的责任承担、侵权责任的减轻或者免除等一般规则，并在现行《侵权责任法》的基础上进一步完善。

（2）关于损害赔偿。规定了侵害人身权益和财产权益的赔偿规则、精神损害赔偿规则等。同时，在现行《侵权责任法》的基础上，对有关规定进一步完善。

（3）关于责任主体的特殊规定。规定了无民事行为能力人、限制民事行为能力人及其监护人的侵权责任，用人单位的侵权责任，网络侵权责任，以及公共场所的安全保障义务等。同时，在现行《侵权责任法》的基础上进一步完善。

（4）关于各种具体侵权责任。分别对产品生产销售、机动车交通事故、医疗、环境污染和生态破坏、高度危险、饲养动物、建筑物和物件等领域的侵权责任规则做出了具体规定，并在现行《侵权责任法》的基础上，对有关内容进一步完善。

最后部分——"附则"明确了《民法典》与《婚姻法》《继承法》《民法通则》《收养法》《担保法》《合同法》《物权法》《侵权责任法》《民法总则》的关系。

3．编纂民法典的重大意义

党的十八大以来，以习近平同志为核心的党中央把全面依法治国摆在突出位置，推动党和国家事业发生历史性变革、取得历史性成就，中国特色社会主义已经进入新时代。在坚持和完善中国特色社会主义制度、推进国家治理体系和治理能力现代化的新征程中，编纂民法典具有重大而深远的意义。

（1）编纂民法典是坚持和完善中国特色社会主义制度的现实需要。

新中国成立70多年特别是改革开放40多年来，中国特色社会主义制度展现出强大生命力和显著优越性。我国民事法律制度正是伴随着新时期改革开放和社会主义现代化建设的历史进程而形成并不断发展完善的，是中国特色社会主义法律制度的重要组成部分。在系统总结制度建设成果和实践经验的基础上，编纂一部具有中国特色、体现时代特点、反映人民意愿的民法典，不仅能充分彰显中国特色社会主义法律制度成果和制度自信，促进和保障中国特色社会主义事业不断发展，也能为人类法治文明的发展进步贡献中国智慧和中国方案。

（2）编纂民法典是推进全面依法治国、推进国家治理体系和治理能力现代化的重大举措。

民法是中国特色社会主义法律体系的重要组成部分，是民事领域的基础性、综合性法律，被称为"社会生活的百科全书"。建立健全完备的法律规范体系，以良法保障善治，是全面依法治国的前提和基础。民法通过民事制度，来调整各类民事关系。民法与国家其他领域法律规范一起，支撑着国家制度和国家治理体系，是保证国家制度和国家治理体系正常有效运行的基础性法律规范。编纂民法典，不断健全完善中国特色社会主义法律体系。这对于以法治方式推进国家治理体系和治理能力现代化，更好地发挥法治固根本、稳预期、利长远的保障作用，具有重要意义。

（3）编纂民法典是坚持和完善社会主义基本经济制度、推动经济高质量发展的客观要求。

公有制为主体、多种所有制经济共同发展，按劳分配为主体、多种分配方式并存，社会主义市场经济体制等社会主义基本经济制度，是以法治为基础、在法治轨道上运行、受法治规则调整的经济制度，社会主义市场经济本质上是法治经济。法人制度、民事法律行为制度、代理制度、物权制度、合同制度、侵权责任制度，都是坚持和完善社会主义基本经济制度不可或缺的法律制度规范和行为规则。编纂民法典，进一步完善我国民商事领域基本法律制度和行为规则，为各类民商事活动提供基本遵循，有利于充分调动民事主体的积极性和创造性、维护交易安全、维护市场秩序，有利于营造各种所有制主体依法平等使用资源要素、公开公平公正参与竞争、同等受到法律保护的市场环境，推动经济高质量发展。

（4）编纂民法典是增进人民福祉、维护最广大人民根本利益的必然要求。

中国特色社会主义法治建设的根本目的是保障人民权益。改革开放以来，我国民事法律制度逐步得到完善和发展，公民的民事权利也得到越来越充分的保护。中国特色社会主义进入新时代，随着我国社会主要矛盾的变化，随着经济发展和国民财富的不断积累，随着信息化和大数据时代的到来，人民群众在民主、法治、公平、正义、安全、环境等方面的要求日益增长，希望对权利的保护更加充分、更加有效。编纂民法典，对于更好地维护人民权益，不断增加人民群众获得感、幸福感和安全感，促进人的全面发展，具有十分重要的意义。

（三）通过《全国人民代表大会关于建立健全香港特别行政区维护国家安全的法律制度和执行机制的决定》

1. 从国家层面建立健全香港特别行政区维护国家安全的法律制度和执行机制的必要性和重要性

香港回归以来，国家坚定贯彻"一国两制""港人治港"、高度自治的方针，"一国两制"实践在香港取得了前所未有的成功；同时，"一国两制"实践过程中也遇到了一些新情况、新问题，面临着新的风险和挑战。当前，一个突出问题就是香港特别行政区国家安全风险日益凸显。

《中华人民共和国香港特别行政区基本法》（以下简称《香港特别行政区基本法》）第23条规定："香港特别行政区应自行立法禁止任何叛国、分裂国家、煽动叛乱、颠覆中央人民政府及窃取国家机密的行为，禁止外国的政治性组织或团体在香港特别行政区进行政治活动，禁止香港特别行政区的政治性组织或团体与外国的政治性组织或团体建立联系。"这一规定既体现了国家对香港特别行政区的信任，也明确了香港特别行政区负有维护国家安全的宪制责任和立法义务。然而，香港回归20多年来，由于反中乱港势力和外部敌对势力的极力阻挠、干扰，"23条"立法一直没有完成。而且，这一立法在香港已被一些别有用心的人严重污名化、妖魔化，香港特别行政区完成"23条"立法实际上已经很困难。

除了法律制度外，香港特别行政区在维护国家安全的机构设置、力量配备和执法权力等方面存在明显缺失，有关执法工作需要加强；香港社会需要大力开展维护国家安全的教育，普遍增强维护国家安全的意识。

总的来看，《香港特别行政区基本法》明确规定的"23条"立法有被长期"搁置"的风险，香港特别行政区现行法律的有关规定难以有效执行，维护国家安全的法律制度和执行机制都明显存在不健全、不适应、不符合的"短板"问题，保持香港长期繁荣稳定、维护国家安全面临着不容忽视的风险。

党的十九届四中全会明确提出："建立健全特别行政区维护国家安全的法律制度和执行机制，支持特别行政区强化执法力量。""绝不容忍任何挑战'一国两制'底线的行为，绝不容忍任何分裂国家的行为。"贯彻落实党中央决策部署，在香港目前形势下，必须从国家层面建立健全香港特别行政区维护国家安全的法律制度和执行机制，改变香港特别行政区国家安全领域长期"不设防"状况，在《中华人民共和国宪法》（以下简称《宪法》）和《香港特别行政区基本法》的轨道上推进维护国家安全制度建设，加强维护国家安全工作，确保香港"一国两制"事业行稳致远。

根据《宪法》和《香港特别行政区基本法》，结合多年来国家在特别行政区制度构建和发展方面的实践，从国家层面建立健全香港特别行政区维护国家安全的法律制度和执行机制，有多种可用方式。中央和国家有关部门在对各种因素进行综合分析、评估和研判的基础上，经认真研究并与有关方面沟通后提出了采取"决定+立法"的方式，分两步予以推进。第一步，全国人民代表大会根据《宪法》和《香港特别行政区基本法》的有关规定，做出关于建立健全香港特别行政区维护国家安全的法律制度和执行机制的决定，就相关问题做出若干基本规定，同时授权全国人大常委会就建立健全香港特别行政区维护国家安全的法律制度和执行机制制定相关法律；第二步，全国人大常委会根据《宪法》《香港特别行政区基本法》和全国人大有关决定的授权，结合香港特别行政区具体情况，制定相关法律并决定将相关法律列入《香港特别行政区基本法》附件三，由香港特别行政区在当地公布实施。

2020年5月18日，第十三届全国人民代表大会常务委员会第十八次会议听取和审议了《国务院关于香港特别行政区维护国家安全情况的报告》。会议认为，有必要从国家层面建立健全香港特别行政区维护国家安全的法律制度和执行机制，同意国务院有关报告提出的建议。根据《宪法》和《香港特别行政区基本法》的有关规定，全国人大常委会法制工作委员会拟订了《全国人民代表大会关于建立健全香港特别行政区维护国家安全的法律制度和执行机制的决定（草案）》，经全国人大常委会会议审议后决定，由全国人大常委会提请十三届全国人大三次会议审议。

2.《全国人民代表大会关于建立健全香港特别行政区维护国家安全的法律制度和执行机制的决定》的总体要求和基本原则

坚持以习近平新时代中国特色社会主义思想为指导，全面贯彻党的十九大和十九届二中、三中、四中全会精神，深入贯彻总体国家安全观，坚持和完善"一国两制"制度体系，把维护中央对特别行政区全面管治权和保障特别行政区高度自治权有机结合起来，加强维护国家安全制度建设和执法工作，坚定维护国家主权、安全、发展利益，维护香港长期繁荣稳定，确保"一国两制"方针不会变、不动摇，确保"一国两制"实践不变形、不走样。

贯彻上述总体要求，必须遵循和把握好以下基本原则：

（1）坚决维护国家安全。维护国家安全是保证国家长治久安、保持香港长期繁荣稳定的必然要求，是包括香港同胞在内的全中国人民的共同义务，是国家和香港特别行政区的共同责任。

（2）坚持和完善"一国两制"制度体系。"一国"是实行"两制"的前提和基础，"两制"从属和派生于"一国"并统一于"一国"之内。

（3）坚持依法治港。坚决维护《宪法》和《香港特别行政区基本法》确定的香港特别行政区宪制秩序，严格依照《宪法》和《香港特别行政区基本法》对香港特别行政区实行管治，支持香港特别行政区行政长官和政府依法施政，牢固树立并坚决维护法治权威，任何违反法律、破坏法治的行为都必须依法予以追究。

（4）坚决反对外来干涉。香港特别行政区事务是中国的内政，不受任何外部势力干涉。

（5）切实保障香港居民合法权益。维护国家安全同尊重保障人权，从根本上来说是一致的。依法有效防范、制止和惩治危害国家安全的极少数违法犯罪行为，是为了更好地保障香港绝大多数居民的生命财产安全，更好地保障其基本权利和自由。

3.《全国人民代表大会关于建立健全香港特别行政区维护国家安全的法律制度和执行机制的决定》主要内容

（1）国家坚定不移并全面准确贯彻"一国两制""港人治港"、高度自治的方针，坚持依法治港，维护《宪法》和《香港特别行政区基本法》确定的香港特别行政区宪制秩序，采取必要措施建立健全香港特别行政区维护国家安全的法律制度和执行机制，依法防范、制止和惩治危害国家安全的行为和活动。

（2）国家坚决反对任何外国和境外势力以任何方式干预香港特别行政区事务，采取必要措施予以反制，依法防范、制止和惩治外国和境外势力利用香港进行分裂、颠覆、渗透、破坏活动。

（3）维护国家主权、统一和领土完整是香港特别行政区的宪制责任。香港特别行政区应当尽早完成《香港特别行政区基本法》规定的维护国家安全立法。香港特别行政区行政机关、立法机关、司法机关应当依据有关法律规定有效防范、制止和惩治危害国家安全的行为和活动。

（4）香港特别行政区应当建立健全维护国家安全的机构和执行机制，强化维护国家安全执法力量，加强维护国家安全执法工作。中央人民政府维护国家安全的有关机关根据需要在香港特别行政区设立机构，依法履行维护国家安全相关职责。

（5）香港特别行政区行政长官应当就香港特别行政区履行维护国家安全职责、开展国家安全教育、依法禁止危害国家安全的行为和活动等情况，定期向中央人民政府提交报告。

（6）授权全国人民代表大会常务委员会就建立健全香港特别行政区维护国家安全的法律制度和执行机制制定相关法律，切实防范、制止和惩治任何分裂国家、颠覆国家政权、组织实施恐怖活动等严重危害国家安全的行为和活动以及外国和境外势力干预香港特别行政区事务的活动。全国人民代表大会常务委员会决定将上述相关法律列入《香港特别行政区基本法》附件三，由香港特别行政区在当地公布实施。

拓展阅读

第十三届全国人民代表大会第三次会议关于政府工作报告的决议
（2020 年 5 月 28 日第十三届全国人民代表大会第三次会议通过）

第十三届全国人民代表大会第三次会议听取和审议了国务院总理李克强所作的政府工作报告。会议充分肯定国务院过去一年多的工作，同意报告提出的 2020 年经济社会发展的总体要求、主要目标和重点任务，决定批准这个报告。

会议号召，全国各族人民更加紧密地团结在以习近平同志为核心的党中央周围，高举中国特色社会主义伟大旗帜，以习近平新时代中国特色社会主义思想为指导，全面贯彻党的十九大和十九届二中、三中、四中全会精神，坚决贯彻党的基本理论、基本路线、基本方略，增强"四个意识"、坚定"四个自信"、做到"两个维护"，紧扣全面建成小康社会目标任务，统筹推进疫情防控和经济社会发展工作，在疫情防控常态化前提下，坚持稳中求进工作总基调，坚持新发展理念，坚持以供给侧结构性改革为主线，坚持以改革开放为动力推动高质量发展，坚决打好三大攻坚战，加大"六稳"工作力度，全面落实"六保"任务，坚定实施扩大内需战略，维护经济发展和社会稳定大局，同心协力，攻坚克难，锐意进取，确保完成决战决胜脱贫攻坚目标任务，全面建成小康社会。

（http://www.gov.cn/xinwen/2020-05/28/content_5515748.htm 中国政府网）

 思考题

1. 2020 年《政府工作报告》不设 GDP 增长目标的原因。
2. 2020 全年打赢脱贫攻坚战的重点举措。
3. 编纂《民法典》重大意义是什么。
4. 简述国家层面建立健全香港特别行政区维护国家安全的法律制度和执行机制的必要性和重要性。

参考文献

[1] 习近平. 在决战决胜脱贫攻坚座谈会上的讲话[N]. 人民日报，2020-03-07（2）.

[2] 李克强. 政府工作报告[EB/OL].（2020-06-01）[2020-06-06].
http://www.npc.gov.cn/npc/c30834/202006/861a06a4c105447e9cc57bb44ae1f924.shtml.

[3] 王晨. 关于《中华人民共和国民法典（草案）》的说明[EB/OL].（2020-05-22）[2020-06-06].
http://www.npc.gov.cn/npc/c30834/202005/50c0b507ad32464aba87c2ea65bea00d.shtml.

[4] 王晨. 关于《全国人民代表大会关于建立健全香港特别行政区维护国家安全的法律制度和执行机制的决定（草案）》的说明[EB/OL].（2020-05-29）[2020-06-06].
http://www.npc.gov.cn/npc/c30834/202005/9959dc6cb3d349049debc518b1e968e7.shtml.

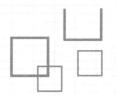

专题三
我国经济形势与政策

如何判断国家的经济形势？人们通常会从经济周期的角度判断当前经济是处于上升阶段还是下降阶段，从宏观经济的经济增长、充分就业、物价稳定、国际收支平衡四个经济目标来判断经济的基本面。市场经济必然产生经济周期，必然引发宏观经济目标的变动，为此，国家就必然对经济进行宏观调控，调控的手段主要有经济手段、法律手段和行政手段。其中，经济手段是国家调控宏观经济的最基本手段，作为经济政策的财政政策、货币政策又是经济手段中最常见的调控措施。学习这些知识将为同学们提供一个终身受益的分析经济形势的工具。要从宏观上把握经济形势，有一个会议应该关注，即每年年终的时候党中央、国务院召开的中央经济工作会议，该会议对经济形势做出基本判断，并对第二年的经济政策给出基调。学习经济形势与政策，对于我们将来就业、投资、消费、经营的策略选择具有重要的指导意义。

一、分析经济形势的理论视角

判断经济形势可以从宏观经济目标的视角，对经济形势进行静态的分析；也可以从经济周期的视角，对经济形势进行动态的分析。

（一）经济形势的静态分析——宏观经济目标的视角

判断一个国家的经济形势，需要分析判断一系列指标。现代主流经济学通常认为，一个国家的宏观经济目标有四个，即经济增长、充分就业、物价稳定和国际收支平衡。

1. 经济增长

根据美国著名经济学家库兹涅茨的解释，一个国家的经济增长，可以定义为给居民提供种类日益繁多的经济产品的能力长期上升。经济增长表现为一个国家人均产出水平的持续增加，通常依靠国内生产总值（GDP）来衡量。所谓国内生产总值，是指一个国家或地区在一定时期内（通常是一年或者一季度）所生产的全部最终产品和劳务的价值总量。改革开放以来，我国年均经济增长率达 9.4%，虽然从 2014 年开始有所下降，2018 年的经济增长率为 6.6%，2019 年的经济增长率为 6.1%但看中国经济，不能只看增长率，中国经济体量不断增大，6%左右的经济增量已相当可观，聚集的动能是过去两位数的增长都达不到的。中国目前已经成为世界上经济总量第二大国。

2. 充分就业

劳动力能否充分就业，是判断一个国家经济形势变化的重要指标之一。从理论上讲，失业是指一个国家想参加工作的、符合劳动条件的劳动力未能找到一个有报酬的工作。在市场经济国家的实际生活中，由于季节变换、产业结构调整等各种原因，总会存在一些劳动力找不到工作或者放弃寻找工作的情况。一个国家经济发展的常态是存在一个大于 0 的失业率，同样一个国家基本上不可能实现 100%的就业率。消灭了周期性失业时的就业状态就是充分就业。经济正常发展情况下充分就业率应该在 95%以上。

3．物价稳定

物价稳定不是指每种商品的价格固定不变，而是指价格指数的相对稳定，即不出现严重的通货膨胀。一般来说，年通货膨胀率在 3%以内被认为是物价稳定状态。消费者物价指数（Consumer Price Index，CPI）是度量消费商品及服务项目价格水平随着时间变动的相对数，反映居民购买的商品及服务项目价格水平的变动趋势和变动程度，通常作为观察通货膨胀水平的重要指标。一般说来，当 CPI >3%的增幅时，称为通货膨胀；当 CPI>5%的增幅时，称为严重的通货膨胀。造成通货膨胀的最主要因素是货币供给量过多，即纸币发行量超过商品流通中实际需要的货币量而引起的纸币贬值、物价上涨现象。其他因素也会影响物价，包括：①成本上升的影响。近年来我国经济快速发展，资源消费需求持续增加，各类资源型产品价格升高，并引起劳动力、土地等价格的相应上涨。②输入型通货膨胀。进口商品价格上涨，也会导致国内物价上涨。进口商品价格的上涨，称为输入型价格上涨，或者称为输入型通货膨胀。③垄断供给也会导致物价上涨。④其他因素。自然灾害给农产品生产带来很大困难，加剧供需矛盾；农产品的长途运输和较多的流通环节增加了成本，推动物价上涨；部分游资借市场秩序不规范之机，借题炒作，出现"豆你玩""蒜你狠"等现象，炒高了某些商品价格，成为物价上涨的主要推手。

4．国际收支平衡

国际收支平衡主要表现为一个国家汇率稳定与外汇储备适度增长，亦称"外汇平衡"，是指国家的外汇收入与外汇支出保持合理的比例。在开放经济条件下，国际收支顺差和逆差都是不可持续的，因此，努力实现国际收支平衡是对外经济交往的重要组成部分。

国际收支持续失衡对一国经济的影响：

（1）国际收支持续逆差对国内经济发展的影响：

1）导致外汇储备大量流失，外汇短缺。外汇短缺，造成外汇汇率上升，本币汇率下跌。一旦本币汇率过度下跌，会削弱本币在国际上的地位，导致该国货币信用的下降，国际资本大量外逃，引发货币危机。

2）导致该国获取外汇的能力减弱，影响该国发展生产所需的生产资料的进口，使国民经济增长受到抑制，进而影响一国的国内财政，以及人民的充分就业。

3）还可能使该国陷入债务危机。

（2）国际收支持续顺差对国内经济发展的影响：

1）会破坏国内总需求与总供给的均衡，使总需求迅速大于总供给，冲击经济的正常增长。

2）在外汇市场上表现为有大量的外汇供应，这就增加了外汇对本国货币的需求，导致外汇汇率下跌，本币汇率上升，提高了以外币表示的出口产品的价格，降低了以本币表示的进口产品的价格，导致国内商品和劳务在国际市场上缺乏竞争优势。

3）可能影响其他国家的经济发展，导致国际贸易摩擦。

4）一些资源型国家如果发生过度顺差，意味着国内资源的持续性开发，会给这些国家今后的经济发展带来隐患。

（二）经济形势的动态分析——经济周期的视角

经济周期是指总体经济活动的扩张和收缩交替反复出现的过程，也称经济波动。每一个经济周期都可以分为上升和下降两个阶段。上升阶段也称为繁荣，最高点称为顶峰。然而，顶峰也是经济由盛转衰的转折点，此后经济就进入下降阶段，即衰退。衰退严重则经济进入萧条，衰退的最低点称为谷底。当然，谷底也是经济由衰转盛的一个转折点，此后经济进入上升阶段。经济从一个顶峰到另一个顶峰，或者从一个谷底到另一个谷底，就是一次完整的经济周期。

一个最简单的经济周期分为四个阶段，即繁荣、衰退、萧条、复苏。经济周期的四个阶段各有自己的特点。①繁荣：国民收入与经济活动高于正常水平的一个阶段。其特征是生产迅速增加，投资增加，信用扩张，价格水平上升，就业增加，公众对未来乐观。顶峰是繁荣的极其盛大时期，也是由繁荣转向衰退的开始。②衰退：是从繁荣到萧条的过渡时期，这时经济开始从顶峰下降，但仍未低于正常水平。③萧条：国民收入与经济活动低于正常水平的一个阶段。其特征是生产急剧减少，投资减少，信用紧缩，价格水平下降，失业严重，公众对未来悲观。谷底是萧条的最严重时期，也是由萧条转向复苏的开始。④复苏：是从萧条到繁荣的过渡时期，这时经济开始从谷底回升，但仍未达到正常水平。

对于经济周期原因的解释主要有内生论和外生论。内生论的代表是凯恩斯主义，认为经济周期表明市场调节的不完善性，在短期中如果仅仅依靠市场调节，出现周期性波动就是必然的。凯恩斯主义主要从社会的总供给和总需求的角度分析经济周期。外生论以真实经济周期理论为代表，认为市场机制本身是完善的，经济周期源于经济体系之外的一些真实因素的冲击，这种冲击称为"外部冲击"。引起冲击的是一些真实因素，包括技术进步、自然灾害、恐怖袭击、政治事件、突发事件等。市场经济无法预测这些因素的变动与出现，也无法自发地迅速做出反应，经济发生周期性波动。这里我们主要以凯恩斯主义为主，结合真实经济周期理论对我国经济周期进行分析。

（1）投资波动是我国经济周期性波动的重要原因。投资波动是指不同年份投资总量增长率出现不同程度的上升或下降。在我国，投资波动始终是决定总体经济波动的重要因素。

（2）消费波动也是影响国民经济波动的重要因素。当消费波动变动 1 个百分点时，引起社会总产值同向波动 0.36 个百分点。消费能有效地拉动复苏时期的经济增长，延长繁荣时期的经济景气时间，萧条时期如果仅靠投资需求的扩张而没有消费需求的拉动，经济很难复苏、繁荣。

（3）农业对经济波动的影响主要是通过农产品（粮食）、原材料、劳动力、市场等途径来实现的。若农产品丰收，市场供给比较充足，价格比较稳定时，对工业品的成本影响不大，企业便会增加投资，扩大生产，而且农民会自动将资金和劳动力转移至工业或其他非农业部门，从而促进经济繁荣。粮食或其他农产品歉收时，就必然影响当期和下期的投资和工业生产，农产品生产波动有着明显的"超前性"。

我国的宏观经济越来越受到世界经济的影响，我国的经济周期运行也受到国外需求的一定影响。

二、我国经济的调控手段和政策

宏观调控是国家从经济运行的全局出发，运用经济、法律、行政等手段，对经济运行状态和经济关系进行干预和调整，从总量上和结构上进行调节、控制，及时纠正经济运行中的偏离宏观目标的倾向，以保证国民经济的持续、快速、协调、健康发展。

宏观调控主体，行使宏观调控权的经济管理部门主要是国家发展和改革委员会、财政部、中国人民银行这三大部门。宏观调控手段包括经济手段、法律手段和必要的行政手段。

（一）经济手段

政府在自觉运用价值规律的基础上借助经济杠杆的调节作用，对国民经济进行宏观调控，综合运用经济计划、经济杠杆和经济手段引导和调节经济活动和经济运行。经济计划是指国家通过国民经济和社会发展计划，引导和调控经济运行。经济杠杆是指通过价格、工资、利率、汇率、税收、信贷等，实现对国民收入分配和再分配，从宏观上调节社会总供给和总需求的关系，从微观上调节商品生产经营者的经济活动，促进国民经济快速、协调和可持续发展。经济手段具有战略性、宏观性、指导性和间接性的特点。经济手段一般通过宏观经济政策实现，主要包括财政政策、货币政策、收入政策和产业政策。

财政政策是指政府运用税收和财政支出等手段，通过对国民收入的分配和再分配实现经济总供给和总需求平衡，分为扩张性财政政策和紧缩性财政政策。在经济停滞和衰退时期，政府采取扩张性财政政策，通过减税措施，给个人和企业多留些可支配收入，以刺激消费需求，从而增加生产和就业。在经济过热、通货膨胀率上升太高时，政府可以采用增税、减少政府支出等紧缩性财政政策来控制物价上涨，抑制投资需求和消费需求，从而有效地减少社会总需求。

货币政策是指通过控制和调节货币供应量保持社会总供给和总需求平衡，分为扩张性货币政策和紧缩性货币政策。扩张性货币政策通过放松银根、扩大货币供应量来刺激需求的增加。紧缩性货币政策通过紧缩银根、减少货币供应量来抑制需求的增加。在进行宏观调控时，中央银行通过法定准备金率、再贴现率和公开市场业务三大货币政策手段，调节货币供应量，有效地缓解经济波动。

收入政策是指政府为了降低物价的上涨速度而采取的强制性或非强制性的限制工资和价格的政策。其目的在于影响或控制价格、货币工资和其他收入的增长率，是货币政策和财政政策以外的一种政府行为。

产业政策是政府根据经济发展需要，促进各产业部门均衡发展而采取的政策措施及手段的总和。产业政策的目的是优化产业结构，主要包括产业结构政策、产业组织政策和产业布局政策。产业结构政策旨在纠正产业结构扭曲和推动产业结构升级。产业组织政策的目标，就是要使产业组织合理化，以提高产业内企业的活力和效率。产业布局政策是政府调节产业区域分布的政策，以保持区域经济的协调发展。

（二）法律手段

法律手段是指国家依靠法律的强制力量来规范经济活动，保障经济政策目标的手段。法律手段对经济主体具有普遍的约束力和严格的强制性，对经济运行的调节具有相对的稳定性和明确的规定性。

（三）行政手段

行政手段是指行政管理部门以行政措施调节和管理经济运行。行政手段包括行政命令、行政指标、行政规章制度和条例。行政手段具有强制性、快速性特点。行政手段的运用，应当保持在必要的范围内。

对社会主义市场经济的调节，应以经济手段、法律手段为主，行政手段为辅。

三、当前的宏观经济形势与宏观经济政策

（一）经济发展新常态

科学认识当前形势，准确研判未来走势，必须历史地、辩证地认识我国经济发展的阶段性特征，准确把握经济发展新常态。

从消费需求看，过去我国的消费具有明显的模仿型排浪式特征，现在模仿型排浪式消费阶段基本结束，个性化、多样化消费渐成主流，保证产品质量安全、通过创新供给激活需求的重要性显著上升，必须采取正确的消费政策，释放消费潜力，使消费继续在推动经济发展中发挥基础作用。

从投资需求看，经历了40多年高强度、大规模开发建设后，传统产业相对饱和，但基础设施互联互通和一些新技术、新产品、新业态、新商业模式的投资机会大量涌现，这对创新投融资方式提出了新要求，必须善于把握投资方向，消除投资障碍，使投资继续对经济发展发挥关键作用。

从出口和国际收支看，国际金融危机发生前国际市场空间扩张很快，出口成为拉动我国经济快速发展的重要动能，现在全球总需求不振，我国低成本比较优势也发生了转化，同时我国出口竞争优势依然存在，高水平引进来、大规模走出去正在同步发生，必须加紧培育新的比较优势，使出口继续对经济发展发挥支撑作用。

从生产能力和产业组织方式看，过去供给不足是长期困扰我们的一个主要矛盾，现在传统产业供给能力大幅超出需求，产业结构必须优化升级，企业兼并重组、生产相对集中不可避免，新兴产业、服务业、小微企业作用更加凸显，生产小型化、智能化、专业化将成为产业组织新特征。

从生产要素相对优势看，过去劳动力成本低是最大优势，引进技术和管理就能迅速变成生产力，现在人口老龄化程度正在加深，农业富余劳动力减少，要素的规模驱动力减弱，经济增长将更多依靠人力资本质量和技术进步，必须让创新成为驱动发展新引擎。

从市场竞争特点看，过去主要是数量扩张和价格竞争，现在正逐步转向质量型、差异化为主的竞争，统一全国市场、提高资源配置效率是经济发展的内生性要求，必须深化改革开放，加快形成统一透明、有序规范的市场环境。

从资源环境约束看，过去能源资源和生态环境空间相对较大，现在环境承载能力已经达到或接近上限，必须顺应人民群众对良好生态环境的期待，推动形成绿色、低碳、循环发展新方式。

从经济风险积累和化解看，伴随着经济增速下调，各类隐性风险逐步显性化，风险总

体可控,但化解以高杠杆和泡沫化为主要特征的各类风险将持续一段时间,必须标本兼治、对症下药,建立健全化解各类风险的体制、机制。

从资源配置模式和宏观调控方式看,全面刺激政策的边际效果明显递减,既要全面化解产能过剩,也要通过发挥市场机制作用探索未来产业发展方向,必须全面把握总供求关系新变化,科学进行宏观调控。

这些趋势性变化说明,我国经济正在向形态更高级、分工更复杂、结构更合理的阶段演化,经济发展进入新常态,正从高速增长转向中高速增长,经济发展方式正从规模速度型粗放增长转向质量效率型集约增长,经济结构正从增量扩能为主转向调整存量、做优增量并存的深度调整,经济发展动力正从传统增长点转向新的增长点。

(二)宏观经济形势分析

2020年一季度极不寻常,突如其来的新冠肺炎疫情给我国经济社会发展带来了前所未有的冲击,国内生产总值等经济指标出现同比下降。疫情严重打乱了正常的生产生活秩序,导致经济出现一段时间停摆,冲击面和影响程度都是超预期的。在以习近平同志为核心的党中央领导下,各地区各部门认真贯彻落实党中央和国务院各项决策部署,加强疫情防控,推进复工复产,促进经济社会恢复正常秩序。

1. 从宏观经济指标看经济形势

(1)从国民生产总值增长看,受新冠肺炎疫情冲击,2020年一季度,我国GDP为206 504亿元,按不变价格计算,比上年同期下降6.8%。其中,第一产业增加值10 186亿元,下降3.2%;第二产业增加值73 638亿元,下降9.6%;第三产业增加值122 680亿元,下降5.2%。

(2)从就业情况看,在疫情冲击下,较多企业用工需求减少,部分招聘延迟或取消,就业压力明显加大。2020年一季度,全国城镇新增就业229万人,同比少增95万人。2月份,全国城镇调查失业率升至6.2%,比2019年同期上升0.9个百分点。受多种因素影响,进入劳动力市场的人数有所减少,3月份就业人员比1月份减少6%以上。就业难度加大加上企业增收困难,居民实际收入出现多年来没有的下降状况。

(3)从物价变动看,CPI涨幅逐月回落。2020年一季度,CPI比上年同期上涨4.9%,涨幅比上年同期扩大3.1个百分点,比上年四季度扩大0.7个百分点。分月看,涨幅呈逐月回落态势。前两个月CPI上涨较多,1月份环比上涨1.4%,同比上涨5.4%;2月份环比涨幅回落至0.8%,同比回落至5.2%。3月份,随着国内疫情防控形势持续向好,交通物流逐步恢复,市场供给不断改善,CPI环比由涨转降,下降1.2%,同比涨幅回落至4.3%。

食品价格上涨是推高CPI涨幅的主要因素。2020年一季度,食品价格上涨20.3%,涨幅比上年同期扩大18.1个百分点,影响CPI上涨约4.09个百分点,占CPI总涨幅的八成多。食品价格上涨较多,主要是受非洲猪瘟、春节,特别是新冠肺炎疫情等因素叠加影响所致。

(4)从国际收支看,我国外汇市场运行总体平稳,外汇供求保持基本平衡。2020年3月末,我国外汇储备规模为30 606亿美元,较年初下降473亿美元,降幅为1.5%。在汇率折算和资产价格变化等因素综合作用下,外汇储备规模有所下降。

预计受新冠肺炎疫情、地缘政治等因素影响,世界经济贸易增长将受到严重冲击,国际金融市场动荡加剧。

2. 我国经济长期向好的基本趋势没有变

（1）农业生产基本平稳，粮食生产形势较好。2020年一季度，农业（种植业）增加值同比增长3.5%。一季度，禽蛋产量增长4.3%，牛奶产量增长4.6%，猪牛羊禽肉产量1813万吨。生猪产能持续恢复，一季度末，生猪存栏32 120万头，比2019年四季度末增长3.5%，其中能繁殖母猪存栏3 381万头，环比增长9.8%。

（2）工业生产下降，基础原材料产业和高技术制造业保持增长。2020年一季度，全国规模以上工业增加值同比下降8.4%。基础原材料和新产品生产保持增长，天然气、无纺布、化学药品原药、原油、十种有色金属、乙烯和粗钢产量分别增长9.1%、6.1%、4.5%、2.4%、2.1%、1.3%和1.2%；自动售货机、售票机，电子元件，集成电路，城市轨道车辆、太阳能电池产量分别增长35.3%、16.2%、16.0%、13.1%和3.4%。3月份，高技术制造业同比增长8.9%，其中计算机、通信和其他电子设备制造业增长9.9%。工业机器人和发电机组产量分别增长12.9%和20.0%。

（3）服务业生产下滑，新兴服务业增势良好。2020年一季度，第三产业增加值同比下降。信息传输、软件和信息技术服务业，金融业增加值分别增长13.2%和6.0%。3月份，全国服务业生产指数下降9.1%。从市场预期看，3月份服务业业务活动预期指数为56.8%，比2月份回升17.1个百分点，企业对市场发展信心增强。

（4）市场销售减少，生活必需品销售和实物商品网上零售较快增长。2020年一季度，社会消费品零售总额78 580亿元，同比下降19.0%。与居民生活密切相关商品呈现增长态势，限额以上单位粮油、食品类，饮料类和中西药品类商品分别增长12.6%、4.1%和2.9%。全国网上零售额22 169亿元，同比下降0.8%。其中，实物商品网上零售额18 536亿元，增长5.9%。

（5）投资活动放缓，电子商务、专业技术服务和抗疫相关行业投资增长。2020年一季度，全国固定资产投资（不含农户）84 145亿元，同比下降16.1%。分产业看，第一产业投资下降13.8%，第二产业投资下降21.9%，第三产业投资下降13.5%。高技术制造业中，计算机及办公设备制造投资增长3.2%。高技术服务业中，电子商务服务投资增长39.6%，专业技术服务投资增长36.7%，科技成果转化服务投资增长17.4%。

（6）货物进出口减缓，贸易结构继续改善。2020年一季度，货物进出口总额65 742亿元，同比下降6.4%。其中，出口33 363亿元，进口32 380亿元。进出口相抵，贸易顺差983亿元。贸易结构继续优化。一般贸易进出口占进出口总额的比重为60.0%，比2019年同期提高0.4个百分点。3月份，全国规模以上工业企业实现出口交货值10 307亿元，增长3.1%。

新冠肺炎疫情对我国经济社会发展的冲击前所未有，尽管经济出现下滑，但民生保障有力，经济社会大局稳定。疫情冲击没有伤及根本，我国经济长期向好的基本面没有改变。这是因为：①长期积累的雄厚物质基础和完备的产业体系。2019年我国国内生产总值接近100万亿元，人均国内生产总值突破1万美元，外汇储备规模保持在3万亿美元以上，这些都是重要的发展基础。我国拥有联合国产业分类中全部工业门类，生产条件不断改善，具有较强的抵御风险能力。②结构调整和动能转换增强了经济运行的协调性、稳定性。根据一般规律，人均GDP超过1万美元以后，居民消费升级会带动服务业和消费较快增长。我国人口众多，消费升级方兴未艾，这增强了我们应对外部风险挑战的底气。③精准有效的宏观调控。面对疫情影响，党中央统筹推进疫情防控和经济社会发展，加大宏观政策逆周期调节力度，推动企业复工复产和生产生活秩序恢复，成效持续显现。④集中力量办大事的制度优势。我们有以习近平同志为核心的党中央坚强领导，有全国一盘棋、调动各方面积极性、集中力量办大事的制度优势。

（三）宏观经济政策分析

1．2020年经济工作总基调

实现2020年预期目标，要坚持稳字当头，坚持宏观政策要稳、微观政策要活、社会政策要托底的政策框架，提高宏观调控的前瞻性、针对性、有效性。要积极进取，坚持问题导向、目标导向、结果导向，在深化供给侧结构性改革上持续用力，确保经济实现量的合理增长和质的稳步提升。要继续抓重点、补短板、强弱项，确保全面建成小康社会。

2020年4月17日，中共中央政治局召开会议，分析国内外新冠肺炎疫情防控形势，研究部署抓紧抓实抓细常态化疫情防控工作，强调当前面临的挑战前所未有，必须充分估计困难、风险和不确定性，切实增强紧迫感，在疫情防控常态化前提下，坚持稳中求进工作总基调，坚持新发展理念，坚持以供给侧改革为主线，坚持以改革开放为动力推动高质量发展，坚决打好三大攻坚战，加大"六稳"（稳就业、稳金融、稳外贸、稳外资、稳投资、稳预期）工作力度，守住"六保"（保居民就业、保基本民生、保市场主体、保粮食能源安全、保产业链供应链稳定、保基层运转）底线，坚定实施扩大内需战略，维护经济发展和社会稳定大局，确保完成决战决胜脱贫攻坚目标任务，全面建成小康社会。

2．2020年主要经济工作

（1）坚定不移贯彻新发展理念。理念是行动的先导。新时代抓发展，必须更加突出发展理念，坚定不移贯彻创新、协调、绿色、开放、共享的新发展理念，推动高质量发展。要树立全面、整体的观念，遵循经济社会发展规律，重大政策出台和调整要进行综合影响评估，切实抓好政策落实，坚决杜绝形形色色的形式主义、官僚主义。

（2）坚决打好三大攻坚战。要确保脱贫攻坚任务如期全面完成，集中兵力打好深度贫困歼灭战，政策、资金重点向"三区三州"等深度贫困地区倾斜，落实产业扶贫、易地搬迁扶贫等措施，严把贫困人口退出关，巩固脱贫成果。要建立机制，及时做好返贫人口和新发生贫困人口的监测和帮扶。要打好污染防治攻坚战，坚持方向不变、力度不减，突出精准治污、科学治污、依法治污，推动生态环境质量持续好转。要重点打好蓝天、碧水、净土保卫战，完善相关治理机制，抓好源头防控。我国金融体系总体健康，具备化解各类风险的能力。要保持宏观杠杆率基本稳定，压实各方责任。

（3）确保民生特别是困难群众基本生活得到有效保障和改善。要发挥政府作用保基本，注重普惠性、基础性、兜底性，做好关键时点、困难人群的基本生活保障。要稳定就业总量，改善就业结构，提升就业质量，突出抓好重点群体就业工作。要加快补齐民生短板，有效解决进城务工人员子女上学难问题。要兜住基本生活底线，确保养老金按时足额发放，加快推进养老保险全国统筹。要发挥市场供给灵活性优势，深化医疗养老等民生服务领域市场化改革和对内对外开放。要加大城市困难群众住房保障工作，要坚持房子是用来住的、不是用来炒的定位，促进房地产市场平稳健康发展。

（4）继续实施积极的财政政策和稳健的货币政策。积极的财政政策要大力提质增效，更加注重结构调整,坚决压缩一般性支出,做好重点领域保障,支持基层保工资、保运转、保基本民生。稳健的货币政策要灵活适度,保持流动性合理充裕,货币信贷、社会融资规模增长同经济发展相适应,降低社会融资成本。要深化金融供给侧结构性改革,疏通货币政策传导机制,增加制造业中长期融资,更好缓解民营和中小微企业融资难、融资贵问题。财政政策、货币政策要同消费、投资、就业、产业、区域等政策形成合力,引导资金投向供需共同受益、具有乘数效应的先进制造、民生建设、基础设施短板等领域,促进产业和消费"双升级"。要充分挖掘超大规模市场优势,发挥消费的基础作用和投资的关键作用。

(5) 着力推动高质量发展。要坚持巩固、增强、提升、畅通的方针,以创新驱动和改革开放为两个轮子,全面提高经济整体竞争力,加快现代化经济体系建设。要狠抓农业生产保障供给,加快农业供给侧结构性改革,带动农民增收和乡村振兴。要深化科技体制改革,加快科技成果转化应用,加快提升企业技术创新能力,要支持战略性产业发展,支持加大设备更新和技改投入,推进传统制造业优化升级。要大力发展数字经济。要更多依靠市场机制和现代科技创新推动服务业发展,推动生产性服务业向专业化和价值链高端延伸,推动生活性服务业向高品质和多样化升级。

(6) 深化经济体制改革。要加快建设高标准市场体系。要加快国资国企改革,推动国有资本布局优化调整。要完善产权制度和要素市场化配置,健全支持民营经济发展的法治环境,完善中小企业发展的政策体系。要改革土地计划管理方式,深化财税体制改革。要加快金融体制改革,完善资本市场基础制度,提高上市公司质量,健全退出机制。对外开放要继续往更大范围、更宽领域、更深层次的方向走,加强外商投资促进和保护,继续缩减外商投资负面清单。要主动参与全球经济治理变革,积极参与世贸组织改革,加快多双边自贸协议谈判。

四、经济周期不同阶段的策略选择

在经济停滞和衰退时期,总供给大于总需求,企业开工不足,工人失业增加,经济发展缓慢,政府采取扩张性财政政策,通过减税措施来增加个人和企业收入,以刺激投资需求和消费需求,通过增加建设投资来刺激社会需求。在经济过热时期,总供给小于总需求,过度需求造成通货膨胀,政府采取紧缩性财政政策,通过提高税率、增加税收的措施来减少企业收入和个人收入,抑制投资需求和消费需求,通过减少建设投资来抑制社会需求。

(一) 投资策略选择

经济周期由繁荣、衰退、萧条到复苏,循环往复。投资策略必须依据经济周期确定,不同的经济周期投资的侧重点是不一样的。在上升阶段,可多投资成长型的股票、房地产等;在下降阶段,侧重银行存款、债券和黄金等。具体来讲,在经济复苏阶段,社会经济不断发展,投资者应更多更快地增加自己的财富。繁荣阶段财富增加最快、幅度最大,投资者应该把增加的资产变成自己实实在在获得的财富。衰退阶段宏观经济萎缩,投资收益率不断下降,甚至是负的,投资者要尽量持有现金。萧条阶段资产价格低廉,把现金转换成资产的时机到了。以股票投资为例,经济衰退阶段股票价格逐渐下跌,危机时期股价跌至最低点,经济复苏时股价又逐步上升,繁荣时股价上涨至最高点。根据经济周期投资股票的策略是：衰退期以保本为主，投资者多采取储蓄存款和短期证券等形式，避免投资损失，以待复苏时适时进入股市；**繁荣期**，大部分产业及公司经营改善和盈利增加，不懂股市知识而盲目跟进的散户，往往也能从股票投资中赚钱。

（二）消费策略选择

对消费行为影响最大的是消费价格，影响消费价格的重要因素是通货膨胀，通货膨胀是经济周期的基本现象，因此经济周期在很大程度上影响消费行为的选择。政府的反通货膨胀政策的选择取决于通货膨胀的类型，对于成本拉动型通货膨胀往往针对不同部门采取不同政策进行结构调整。对于需求拉动型通货膨胀，政府就必须采取紧缩性宏观经济政策（往往会加息）来抑制总需求增长。在复苏阶段消费者具有较好的未来预期，消费信心较高。但是繁荣阶段往往也是通货膨胀时期，此时超出自己能力的消费，如果是贷款消费又遇到政府加息政策，消费的成本大大提高。在衰退阶段尽管还贷计划没变，但由于收入预期下降，利息加重，债务负担也会越来越沉重。在萧条阶段宏观经济增长速度放缓，企业效益不佳且竞争加剧，但是消费品质量好、种类多、性价比高，消费者应该抓住时机消费，此时利率较低可以贷款消费。以购房为例，房地产行业周期与宏观经济周期波动趋势基本一致，繁荣时期房价上涨，国家就会加息，一旦经济进入衰退期，房价下跌，贷款购房者有可能出现负资产，美国次级贷款危机就是例证。反之，在衰退阶段，房价较低，国家还会采取扩张性的货币政策（如减息），如果是短期贷款购房，基本上是"一路春风"。1996—2003年我国八次降息，此期间贷款购房，不仅房价低廉，而且利息负担较小。

（三）就业策略选择

劳动者应该依据经济周期的不同阶段做出相应的就业选择。在衰退期，需求减少影响生产，部分行业会进行结构调整，企业减薪裁员也不可避免。面对"潜在失业"的压力，在业劳动者保持一份稳定的工作是最佳的选择，只有收入稳定，自己的资产才不会因为通货紧缩而受到影响。在经济衰退时期，多数行业的不景气将使众多企业很难扩大生产，择业劳动者要找到一份适合的工作也不易。对于失业劳动者，即使是差强人意的工作也要接受。在复苏和繁荣时期，经济扩张导致企业对劳动力需求的增加，劳动者就业环境相对宽松，在业劳动者工资上涨，择业劳动者岗位转换比较容易，失业劳动者就业机会扩大。

（四）经营策略选择

如果对宏观经济采取自由放任政策，经济活动就会出现大起大落。为了实现经济又好又快的发展，国家对经济不断地进行宏观调控。一般来说，在萧条阶段国家会实施扩张性的财政政策和货币政策，鼓励企业投资，通过减税、降低利率来刺激消费，为企业创造较好的发展环境；在繁荣时期国家会实行紧缩性的调控措施，防止经济过热和通货膨胀；在复苏和衰退阶段往往采取稳健的经济政策。因此，在不同的经济周期企业应该选择不同的经营策略，例如：在复苏阶段企业应该不断地扩大生产，来满足市场不断增长的需求；在繁荣阶段企业不但要利用有利的市场赚取更多的利润，还要开始考虑经济衰退时期的对策；衰退阶段市场的需求开始减少，企业要不断减产，还应考虑产品更新换代、技术升级；萧条阶段企业生产降低到最低点，企业应该研究如何调整结构、技术创新和复苏生产。

拓展阅读

历届中央经济工作会议提出的主要任务回顾

中央经济工作会议是中共中央、国务院召开的规格最高的经济会议，主要任务是：总结一年来的经济工作，分析当前国际、国内经济情况，制定下一年的经济发展规划和部署下一年的经济工作。中央经济工作会议是我们了解国家宏观经济形势与经济政策的最基本的依据。

1995年中央经济工作会议于1995年12月5—7日召开，会议围绕经济体制改革和经济增长方式转变提出了1996年的四项主要工作任务：继续加强农业基础地位，力争农业和农村经济有新的发展；切实加快国有企业改革步伐，务求取得明显进展；继续加强和改善宏观调控，创造良好的经济环境和经济秩序；努力提高对外开放水平，积极参与国际合作和竞争。

1996年中央经济工作会议于1996年11月21—24日召开，提出1997年要抓住宏观经济环境比较有利的时机，把经济工作的重点切实放在推进经济体制改革和转变经济增长方式上来，提出了六项工作任务：继续加强农业基础地位，促进农业持续稳定增长；切实加强企业管理，这不仅是深化企业改革的要求，也是企业工作中的当务之急；加大经济结构调整力度，逐步解决"大而全、小而全"和低水平重复建设问题；继续保持良好的宏观经济环境，进一步规范和整顿经济秩序；适应对外开放的新形势，努力提高对外贸易和利用外资的水平；继续改善城乡居民物质文化生活，促进经济和社会协调发展。

1997年中央经济工作会议于1997年12月9—11日召开，指出1998年经济工作主要任务是：加强农业基础地位，全面发展农村经济；打好国有企业改革攻坚战，改善国有企业经营状况；积极调整和优化经济结构，加速实现国民经济合理化布局，提高国民经济整体素质和效益；继续加强和改善宏观调控，为改革和发展提供更为有利的宏观经济环境；进一步扩大对外开放，不断提高对外开放水平；切实安排好群众生活，维护城乡社会稳定。

1998年中央经济工作会议于1998年12月7—9日召开，指出1999年经济工作三项重点是：稳定和加强农业；深化国有企业改革；搞好金融工作。

1999年中央经济工作会议于1999年11月15—17日召开，对2000年的经济工作做了全面部署，提出了五项主要任务：继续实施促进经济发展的一系列政策措施，扩大国内需求；大力调整经济结构，促进产业优化升级；加快科技进步，提高技术创新能力；深化以国有企业改革为中心环节的经济体制改革；进一步改善人民生活。

2000年中央经济工作会议于2000年11月28—30日召开，会议部署了2001年的主要任务：坚持扩大内需的战略方针，加强和改善宏观调控；把加强农业和增加农民收入放在经济工作的突出位置；加快体制改革和科技进步，推进经济结构的战略性调整；做好加入世界贸易组织的各项准备工作，迎接对外开放新阶段；注意关心和解决好人民生活问题；加强精神文明建设，促进社会全面进步。

2001年中央经济工作会议于2001年11月27—29日召开,指出2002年必须着重抓好以下几个方面的工作:坚持扩大内需的方针,继续实施积极的财政政策和稳健的货币政策;调整农业结构,深化农村改革,努力增加农民收入;进一步推进经济结构的战略性调整,着力抓好企业技术改造;不断深化经济体制改革,为加快发展和扩大开放创造良好的体制环境;以加入世界贸易组织为契机,进一步扩大对外开放;积极扩大就业,努力改善人民生活。

2002年中央经济工作会议于2002年12月9—10日召开,会议提出,要围绕保持经济稳定增长和完善社会主义市场经济体制两大任务,着重把握好以下四个方面:坚持扩大内需的方针,继续实施积极的财政政策和稳健的货币政策;加快结构调整,提高经济增长的质量和效益;进一步推进改革开放,为发展提供强大动力;加强就业和社会保障工作,努力提高人民生活水平。

2003年中央经济工作会议于2003年11月27—29日召开,会议提出,要从发展全局的高度,着重把握好以下几点:保持宏观经济政策的连续性和稳定性;把解决好"三农"问题作为全党工作的重中之重;紧紧抓住结构调整这条主线;不失时机地深化经济体制改革;充分利用国际国内两个市场、两种资源;认真解决好关系人民群众切身利益的问题。

2004年中央经济工作会议于2004年12月3—5日召开,会议提出2005年的主要任务:继续加强和改善宏观调控,确保经济平稳较快发展;继续加大对"三农"的支持力度,保持农业和农村发展的好势头;大力推进结构调整,促进经济增长方式转变;着力推进经济体制改革,建立健全全面协调可持续发展的制度保障;统筹国内发展和对外开放,增强国际竞争力;坚持以人为本,努力构建社会主义和谐社会。

2005年中央经济工作会议于2005年11月29日—12月1日召开,会议部署了2006年经济工作八项主要任务:稳定宏观经济政策,保持经济平稳较快增长的良好势头;扎实推进社会主义新农村建设,进一步做好"三农"工作;全面增强自主创新能力,不断推进产业结构调整;大力节约能源资源,加快建设资源节约型、环境友好型社会;继续推动东中西良性互动,促进区域经济协调发展;加快推进体制改革,完善落实科学发展观的体制保障;积极实施互利共赢的开放战略,进一步提高对外开放水平;着力解决人民群众最关心、最直接、最现实的利益问题,推动和谐社会建设。

2006年中央经济工作会议于2006年12月5—7日召开,会议提出了2007年经济工作八项主要任务:坚持加强和改善宏观调控,保持和扩大经济发展的良好势头;坚持以发展农村经济为重点,扎实推进社会主义新农村建设;坚持以节约能源资源和保护生态环境为切入点,积极促进产业结构优化升级;坚持提高自主创新能力,加快建设创新型国家;坚持落实区域发展总体战略,推进城镇化健康发展;坚持深化体制改革,加快形成落实科学发展观的体制机制保障;坚持互利共赢的开放战略,提高对外开放水平;坚持以人为本,不断促进社会和谐。

2007年中央经济工作会议于2007年12月3—5日召开,会议提出了2008年经济工作的主要任务:完善和落实宏观调控政策,保持经济平稳较快发展的好势头;切实加强农业基础地位,增强农业和农村经济发展活力;提高自主创新能力,推进产业结构优化升级;加大攻坚力度,确保节能减排取得重大进展;促进区域协调发展,积极稳妥推进城镇化；全面深化改革，完善推动科学发展、促进社会和谐的体制机制；提高开放型经济水平，开创对外开放新局面；着力改善民生，促进社会和谐。

2008年中央经济工作会议于2008年12月8—10日召开，会议提出了2009年经济工作的重点任务：加强和改善宏观调控，实施积极的财政政策和适度宽松的货币政策；巩固和发展农业农村经济好形势，保障农产品有效供给、促进农民持续增收；加快发展方式转变，推进经济结构战略性调整；深化改革开放，完善有利于科学发展的体制机制；着力解决涉及群众利益的难点热点问题，切实维护社会稳定。

2009年中央经济工作会议于2009年12月5—7日召开，会议提出了2010年经济工作的主要任务：提高宏观调控水平，保持经济平稳较快发展；加大经济结构调整力度，提高经济发展质量和效益；夯实"三农"发展基础，扩大内需增长空间；深化经济体制改革，增强经济发展动力和活力；推动出口稳定增长，促进国际收支平衡；着力保障和改善民生，全力维护社会稳定。

2010年中央经济工作会议于2010年12月10—12日召开，会议提出了2011年经济工作的主要任务：加强和改善宏观调控，保持经济平稳健康运行；推进发展现代农业，确保农产品有效供给；加快经济结构战略性调整，增强经济发展协调性和竞争力；完善基本公共服务，创新社会管理机制；加大改革攻坚力度，推动经济发展方式转变；坚持互利共赢的开放战略，拓展国际经济合作空间。

2011年中央经济工作会议于2011年12月12—14日召开，会议提出了2012年经济工作的主要任务：继续加强和改善宏观调控，促进经济平稳较快发展；坚持不懈抓好"三农"工作，增强农产品供给保障能力；加快经济结构调整，促进经济自主协调发展；深化重点领域和关键环节改革，提高对外开放水平；大力保障和改善民生，加强和创新社会管理。

2012年中央经济工作会议于2012年12月15—16日召开，会议提出了2013年经济工作的主要任务：加强和改善宏观调控，促进经济持续健康发展；夯实农业基础，保障农产品供给；加快调整产业结构，提高产业整体素质；积极稳妥推进城镇化，着力提高城镇化质量；加强民生保障，提高人民生活水平；全面深化经济体制改革，坚定不移扩大开放。

2013年中央经济工作会议于2013年12月10—13日召开，会议提出了2014年经济工作的主要任务：切实保障国家粮食安全；大力调整产业结构；着力防控债务风险；积极促进区域协调发展；着力做好保障和改善民生工作；不断提高对外开放水平。

2014年中央经济工作会议于2014年12月9—11日召开，会议提出了2015年经济工作的主要任务：努力保持经济稳定增长；积极发现培育新增长点；加快转变农业发展方式；优化经济发展空间格局；加强保障和改善民生工作。

2015年中央经济工作会议于2015年12月18—21日召开，会议提出了2016年经济工作的主要任务：积极稳妥化解产能过剩；帮助企业降低成本；化解房地产库存；扩大有效供给；防范化解金融风险。

2016年中央经济工作会议于2016年12月14—16日在北京举行，会议指出，继续深化供给侧结构性改革：深入推进"三去一降一补"；深入推进农业供给侧结构性改革；

着力振兴实体经济；促进房地产市场平稳健康发展。

2017年中央经济工作会议于2017年12月18—20日在北京举行，会议指出，今后三年要重点抓好决胜全面建成小康社会的防范化解重大风险、精准脱贫、污染防治三大攻坚战。要围绕推动高质量发展，做好八项重点工作：深化供给侧结构性改革；激发各类市场主体活力；实施乡村振兴战略；实施区域协调发展战略；推动形成全面开放新格局；提高保障和改善民生水平；加快建立多主体供应、多渠道保障、租购并举的住房制度；加快推进生态文明建设。

2018年中央经济工作会议于2018年12月19—21日在北京举行，会议指出，我国发展仍处于并将长期处于重要战略机遇期。对于做好下一年经济工作，会议提出：坚持稳中求进工作总基调，坚持新发展理念，坚持推动高质量发展，坚持以供给侧结构性改革为主线，坚持深化市场化改革、扩大高水平开放。

2019年中央经济工作会议于2019年12月10—12日在北京举行，会议指出，我国经济稳中向好、长期向好的基本趋势没有改变。会议确定，2020年要抓好以下重点工作：①坚定不移贯彻新发展理念；②坚决打好三大攻坚战；③确保民生特别是困难群众基本生活得到有效保障和改善；④继续实施积极的财政政策和稳健的货币政策；⑤着力推动高质量发展；⑥深化经济体制改革。

思考题

1. 2020年经济工作的主要任务是什么？
2. 如何判断一个国家的宏观经济形势？
3. 分析我国经济的几种调控手段。
4. 讨论经济周期不同阶段的策略选择。

参考文献

[1] 闫坤，张鹏. "稳中求进"框架下货币和财政政策选择[N]. 经济参考报，2012-05-10.

[2] 王国刚. 坚持实施稳健货币政策[N]. 经济日报，2012-01-16.

[3] 刘杰. 浅谈应对经济周期的策略选择[J]. 商场现代化，2008（5）：389.

[4] 姚冬琴，王红茹，徐豪，等. 八项重点工作推动高质量发展——专家解读中央经济工作会议精神[J]. 中国经济周刊，2017（50）：38-43+88.

专题四

大力实施乡村振兴战略

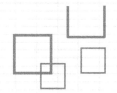

农业农村农民问题是关系国计民生的根本性问题。实现中华民族伟大复兴中国梦，必须振兴乡村，使农业强大、农村美丽、农民富裕。实施乡村振兴战略是我国全面建成小康社会的关键环节，是实现中华民族伟大复兴中国梦的客观要求，也是我们党落实为人民服务这一根本宗旨的重要体现。

小康不小康，关键看老乡。当前我国农业农村基础差、底子薄、发展滞后的状况尚未根本改变，经济社会发展中最明显的短板仍然在"三农"，现代化建设中最薄弱的环节仍然是农业农村。党的十九大提出实施乡村振兴战略，顺应了亿万农民对美好生活的向往。《乡村振兴战略规划（2018—2022年）》已出台，对实施乡村振兴战略第一个五年工作做出了具体部署，将努力开创农业农村发展新局面，谱写新时代乡村全面振兴新篇章。

一、实施乡村振兴战略的重大意义

务农重本、国之大纲。"三农"问题是关系国计民生的根本性问题，实现中华民族伟大复兴，绝不可以丢掉乡村仅顾城市。农业强不强、农村美不美、农民富不富，决定着全面小康社会的成色和社会主义现代化的质量。中华民族的伟大复兴不能建立在农业基础薄弱、大而不强的地基上，不能建立在农村凋敝、城乡发展不平衡的洼地里，不能建立在农民贫困、城乡居民收入差距扩大的鸿沟间。没有乡村的振兴，就没有中华民族伟大复兴。

（一）实施乡村振兴战略是贯彻习近平总书记"三农"思想的重大举措

没有农业农村的现代化，就没有国家的现代化。习近平总书记情系农村、心系农民，始终高度重视农业农村农民工作：在河北正定、福建和浙江工作期间，他对农业农村农民问题进行了深度思考和不解探索。特别是党的十八大以来，他对做好"三农"工作提出了许多新思想、新理念、新论断，形成了习近平总书记"三农"思想。

（1）坚持"重中之重"战略地位，切实把农业农村优先发展落到实处。2013年中央农村工作会上，习近平总书记提出：中国要强，农业必须强；中国要美，农村必须美；中国要富，农民必须富，通过强调农业强、农村美、农民富与国家强、美、富之间的关系，对"三农"工作的极端重要性进行了高度概括。在党的十九大报告中，习近平总书记强调，农业农村农民问题是关系国计民生的根本性问题，必须始终把解决好"三农"问题作为全党工作的重中之重。

（2）坚持立足国内保障自给的方针，牢牢把握国家粮食安全主动权。习近平总书记多次强调，中国人的饭碗要牢牢端在自己手中，我们的饭碗应该主要装中国粮。实施藏粮于地、藏粮于技战略，提高粮食产能，确保谷物基本自给、口粮绝对安全。

（3）坚持不断深化农村改革，激发农村发展新活力。习近平总书记多次主持召开中央深改小组会议审议农村改革议题，指出解决农业农村发展面临的各种矛盾和问题，根本要靠深化改革；新形势下深化农村改革，主线仍然是处理好农民和土地的关系；不管怎么改，不能把农村土地集体所有制改垮了，不能把耕地改少了，不能把粮食生产能力改弱了，不能把农民利益损害了。

（4）坚持把推进农业供给侧结构性改革作为主线，加快推进农业农村现代化。习近平总书记指出，我国农业农村发展已进入新的历史阶段，农业的主要矛盾由总量不足转变为结构性矛盾，矛盾的主要方面在供给侧；要加快构建现代农业产业体系、生产体系、经营体系，提高我国农业综合效益和竞争力。

（5）坚持绿色生态导向，推动农业农村可持续发展。习近平总书记强调绿水青山就是金山银山；良好的生态环境是农村最大优势和宝贵财富，要让良好生态成为乡村振兴的支撑点；农业发展不仅要杜绝生态环境欠新账，而且要逐步还旧账。

（6）坚持在发展中保障和改善民生，让广大农民有更多的获得感。习近平总书记在吉林省调研时指出，检验农村工作实效的一个重要尺度，就是看农民的钱袋子鼓起来没有。在贵州省考察时指出，党中央的政策好不好，要看乡亲们是哭还是笑；要是笑，就说明政策好；要是有人哭，我们就要调整完善。

（7）坚持遵循乡村发展规律，扎实推进美丽宜居乡村建设。习近平总书记强调，新农村建设要走符合农村实际的路子，遵循乡村自身发展规律，充分体现农村特点，注意乡土味道，保留乡村风貌，留得住绿水青山，记得住乡愁。

（8）坚持加强和改善党对农村工作的领导，为"三农"发展提供坚强政治保障。习近平总书记强调，办好农村的事，关键在党。党管农村工作是我们的传统，这个传统不能丢。要建立实施乡村振兴战略领导责任制，党委和政府一把手是第一责任人，五级书记抓乡村振兴。

这些新理念、新思想、新战略，系统全面、内涵丰富、博大精深、意义深远，为我们做好新时代"三农"工作提供了基本遵循，是实施乡村振兴战略、做好新时代"三农"工作的理论指引和思想武器。

（二）实施乡村振兴战略是新时代农业农村现代化的新起点、新征程

近些年，我国农业农村发展形势不错。2019年，农业生产再获丰收，粮食总产量达到66 384万吨，比2018年增加594万吨，增长0.9%，创历史最高水平。虽然粮食播种面积稳中略降，但粮食单产水平提高。在经历了多种自然灾害后，全国粮食生产依然实现了大丰收。城乡发展一体化迈出新步伐。城乡居民收入相对差距进一步缩小。2019年，农村居民人均可支配收入16 021元，增长9.6%，比2018年加快0.8个百分点；城镇居民人均可支配收入42 359元，增长7.9%，比2018年加快0.1个百分点。农村居民人均收入增速快于城镇居民1.7个百分点。城乡居民收入比值由2018年的2.69缩小至2.64，城乡居民收入相对差距继续缩小。脱贫攻坚目标任务接近完成。贫困人口从2012年年底的9 899万人减到2019年年底的551万人，贫困发生率由10.2%降至0.6%，连续7年每年减贫1 000万

人以上。截至 2020 年 2 月底,全国 832 个贫困县中已有 601 个宣布摘帽,179 个正在进行退出检查,未摘帽县还有 52 个,区域性整体贫困基本得到解决。

在新的起点上,党中央结合我国基本国情农情,着眼党和国家事业全局,适应城乡关系阶段性变化,遵循农业农村现代化建设规律,做出实施乡村振兴战略这一重大部署,这是我们党"三农"工作一系列方针政策的继承和发展,是中国特色社会主义进入新时代做好"三农"工作的总抓手,举全党全国全社会之力,以更大的决心、更明确的目标、更有力的举措推动农业全面升级、农村全面进步、农民全面发展,谱写新时代乡村全面振兴新篇章。

(三)实施乡村振兴战略是关系全面建设社会主义现代化国家的全局性、历史性任务

没有农业农村现代化,就没有整个国家现代化。在现代化进程中,如何处理好工农关系、城乡关系,在一定程度上决定着现代化的成败。从世界各国现代化历史来看,有的国家没有处理好工农关系、城乡关系,农业发展跟不上,农村发展跟不上,农产品供应不足,农业被国际大资本垄断,不能有效吸纳农村劳动力,大量失业农民涌向城市贫民窟,乡村和乡村经济走向凋敝,工业化和城镇化走入困境,甚至造成社会动荡,最终陷入"中等收入陷阱"。

当前,我国正处于正确处理工农关系、城乡关系的历史关口。改革开放以来,我们依靠农村劳动力、土地、资金等要素,快速推进工业化、城镇化,城镇面貌发生了翻天覆地的变化,我国广大农民为推进工业化、城镇化做出了巨大贡献,农业发展和农村建设也取得了显著成就,为我国改革开放和社会主义现代化建设打下了坚实基础。同时,我们也要看到,同快速推进的工业化、城镇化相比,我国农业农村发展步伐还跟不上,"一条腿长、一条腿短"的问题比较突出。在现代化进程中,城乡比重一升一降,是客观规律。我国拥有 14 亿人口,不管工业化、城镇化进展到哪一步,农业都要发展,乡村都不会灭亡,城乡将长期共生并存。即便我国城镇化率达到 70%,农村仍将有 4 亿多人口。推进现代化,不能把这 4 亿多人落下。40 多年前,我们通过农村改革拉开了改革开放大幕。40 多年后的今天,我们应该通过振兴乡村,开启城乡融合发展和现代化建设新局面。

(四)实施乡村振兴战略是解决新时代我国社会主要矛盾的迫切需要

中国特色社会主义进入新时代,我国社会主要矛盾已经转化为人民日益增长的美好生活需要和不平衡不充分的发展之间的矛盾。城乡发展不平衡、农村发展不充分,是新时代我国社会矛盾的突出表现。目前我国经济社会发展中最明显的短板仍然在"三农",现代化建设中最薄弱的环节仍然是农业农村,收入分配中最突出的矛盾仍然是城乡居民收入差距大,资源配置上最大的不平衡仍然是城乡不平衡。我们应该看到,虽然我国农业在国内生产总值中的比重在变小,农民在减少,农村也在减少,但现实的国情是,农村还有大约 6 亿人,农业在国民经济中的基础地位没有变,农民是最值得关怀的最大群体的现实没有变,农村是全面建成小康社会的短板没有变。

农业农村经济自身发展不平衡不充分的问题有很多,例如:农产品供给的数量和质量不平衡,农业的质量发展不充分;农业生产的规模与效益不平衡,农业的效益实现不充分;农业的生产与生态功能不平衡,农业的生态功能发挥不充分;两个市场两种资源利用不平

衡，农业国际市场和资源作用发挥不充分；各类经营主体发展不平衡，小农户分享农业现代化成果不充分。这些问题如果解决不好，全面小康社会成色就要打折扣，现代化强国建设进程就要受影响。

（五）实施乡村振兴战略是实现"两个一百年"奋斗目标的必然要求

相对于快速发展的工业化、信息化、城镇化，农业现代化依然是短板。打个比方，如果说现在工业已经进入 4.0 时代，那么农业现代化还处于 2.0 到 3.0 阶段。实施乡村振兴战略，必须增强紧迫感。应当认识到，到 2020 年全面建成小康社会，最突出的短板在"三农"；到 2035 年基本实现现代化，大头、重头在"三农"；到 2050 年全面建成社会主义现代化强国，基础在"三农"。

没有农业农村的现代化，就没有国家的现代化。农业强不强、农村美不美、农民富不富，决定着亿万农民的获得感和幸福感。从国家整体战略和农业农村战略关系来讲，如果说在决胜全面小康阶段，我们要消除绝对贫困，那么在全面建设现代化强国阶段，就要缩小城乡差别，这是带有标志性的关键性的目标任务。为此，要大力推进乡村振兴，加快农业农村现代化。

二、实施乡村振兴战略的总要求和主要原则

作为重大的国家战略，乡村振兴战略以前所未有的高度、广度和深度，深刻地回答了我们要建设什么样的乡村的问题，为亿万农民描绘了一幅美丽乡村的现代图景，制定了新时代做好"三农"工作的路线图。

（一）总要求

实施乡村振兴战略，将坚持农业农村优先发展，按照产业兴旺、生态宜居、乡风文明、治理有效、生活富裕的总要求，加快推进乡村治理体系和治理能力现代化，加快推进农业农村现代化，走中国特色社会主义乡村振兴道路。

产业兴旺是乡村振兴的重点。产业兴，百业兴，把大力发展农村生产力放在首位，紧紧围绕产业兴旺下功夫，做大做强高效绿色种养业、农产品加工流通业、休闲农业和乡村旅游业、乡村服务业、乡土特色产业、乡村信息产业，培育农业农村发展新动能。从农业内外、城乡两头共同发力，促进农村一、二、三产业融合发展，保持农业农村经济发展旺盛活力，为乡村的全面振兴奠定物质基础。

生态宜居是乡村振兴的关键。农村美、中国美，统筹山水林田湖草保护建设，加强农村资源环境保护，大力改善水电路气房讯等基础设施，保护好绿水青山和清新清净的田园风光，保留住独特的乡土味道和乡村风貌。

乡风文明是乡村振兴的保障。乡风正、文化盛，乡村振兴不能丢了乡土文化这个魂，推进移风易俗、文明进步，弘扬农耕文明和优良传统，使农村文明程度进一步提高。

治理有效是乡村振兴的基础，农村治、社会稳，要创新乡村治理机制，健全自治、法治、德治"三治"相结合的乡村治理体系。

生活富裕是乡村振兴的根本，农民富、国家强，不断拓宽农民就业增收渠道，大力推进农业产业精准扶贫，打赢脱贫攻坚战，使广大农民衣食住行无忧，生老病死无患，过上

"城里人的日子"。

（二）主要原则

（1）坚持党管农村工作。党的领导是我们最大的政治优势。实施乡村振兴战略是一项系统工程，是一个长期任务，涉及方方面面的工作，不是哪个部门单独就能干得了的，不加强党的领导，不发挥党管农村工作的优良传统肯定不行。中央农村工作会议强调，要建立实施乡村振兴战略领导责任制，实行中央统筹、省负总责、市县抓落实的工作机制。党政一把手是第一责任人，省市县乡村五级书记抓乡村振兴。让"一把手"重视并亲自抓，这抓住了关键少数，符合国情和现实，也是有力推动乡村振兴的制度优势。五级书记抓乡村振兴，体现了党中央把实施乡村振兴战略摆在重中之重的位置，把实施乡村振兴战略实绩作为各级党委和政府考核的重要内容，像抓精准扶贫一样抓乡村振兴。

（2）坚持农业农村优先发展。基本国情要求农业农村优先发展。当前我国社会中最大的发展不平衡，是城乡发展不平衡；最大的发展不充分，是农村发展不充分。随着工业化、城镇化的深入推进，截至 2019 年年底，我国人均国内生产总值突破 1 万美元、城镇化率突破 60%、农业占国内生产总值的份额进一步下降，但农业的基础地位不会改变，大量农民生活在农村的国情不会改变。此外，农业发展质量效益竞争力不高，农民增收后劲不足，农村自我发展能力弱，城乡差距依然较大。要采取超常规振兴措施，在城乡统筹、融合发展制度设计、政策创新上想办法、求突破。

以人民为中心的使命要求农业农村优先发展。新时代全面建成小康社会，农村不能落下。农业农村优先发展，要进一步调整理顺工农城乡关系。在干部配备上优先考虑，在要素配置上优先满足，在资金投入上优先保障，在公共服务上优先安排，加快农业农村经济发展，加快补齐农村公共服务、基础设施和信息流通等方面短板，显著缩小城乡差距。如果没有真正做到这"四个优先"，就没有抓住大局，乡村振兴就可能陷入空谈。

（3）坚持农民主体地位。乡村是农民的立足之基、生活之本，农民是农业农村发展的主体，也是实施乡村振兴战略的主体。我们党自成立以来就一直把依靠农民、为亿万农民谋幸福作为重要使命。无论是在新民主主义革命时期、社会主义革命和建设时期，还是改革开放以来，正是我们党处理好了农民问题，使广大农民拥护党、跟党走。

推进乡村振兴，要考虑农民的利益，把促进农民共同富裕作为出发点和落脚点，让亿万农民共同分享改革发展成果，不断提升农民的获得感、幸福感、安全感。推进乡村振兴要依靠农民，把他们的积极性、主动性、创造性调动起来、激发出来。乡村振兴干什么、怎么干，政府可以引导和支持，但不能代替农民、更不能违背农民意愿搞强迫命令。即使是办好事，也要让农民群众想得通。

（4）坚持乡村全面振兴。相较于党的十六届五中全会提出的"生产发展、生活宽裕、乡风文明、村容整洁、管理民主"社会主义新农村建设 20 字要求，实施乡村振兴战略的总要求更加注重促进乡村整体发展，是新农村建设的升级版、宏观版，内涵更丰富，部署更明确，要求也更高，体现了时代的进步，回应了群众的期待。

（5）坚持城乡融合发展。实施乡村振兴战略，光靠农民自身的力量还不行，光靠农村自己的资源也不够，这就需要大量现代资源投入农业农村建设。近年来，我们在统筹城乡发展方面做出了很大努力，取得了重大进展。但是，城乡资源合理流动渠道还没有完全打通，平等交换的机制还没有真正建立，农村土地、资金、劳动力等优质资源向城市单向流动的局面还没有根本改善，农村长期处于"失血""贫血"状态。可以说，农村为城市建设做出了巨大贡献。现在到了走城乡融合发展之路这个阶段了，到了更多支持、反哺农村这个阶段了。这就需要不断健全体制机制，改革城乡二元制度，打通城乡资源合理流动的渠道，推进人才、技术、资本等资源流向农村，吸引农民工、大学生、退伍军人、科技人员、工商人士、城镇居民到农村定居就业创业，带动资金、技术、管理等流向农村，增强农业农村发展活力。

（6）坚持从农村实际出发。中国农村的情况千差万别，各地发展的基础不尽相同，"十里不同风，百里不同俗"，因地制宜、精准施策，城乡有别，各美其美。实施乡村振兴战略是一项长期任务，要有历史的耐心，科学规划注重质量、从容建设，而不能盲目追求速度。

三、乡村振兴应重点研究关注的九类乡村产业

乡村振兴，产业兴旺是重点。当前，发展乡村产业，面临市场供求格局和社会发展阶段的新变化，既有严峻的挑战，又孕育着新的机遇。

所谓挑战，就是我国市场供求形势发生了重大变化，无论是工业品还是农产品，市场供给都比较充足，生产什么都能卖出去，而且能够卖出好价钱的时代，已经一去不复返了，这就意味着我们如果沿用原来的思维惯性，盲目发展传统产业，将面临较大的市场风险。

所谓机遇，就是我国城乡居民消费结构和方式正处在加速升级的阶段，呈现出新的特点。例如，人们从过去追求吃饱向现在要吃得好、吃得健康、吃得便捷、吃出特色转变，从吃穿用消费为主向文化、旅游、休闲、康养消费拓展，从全民大众化消费向不同群体多元化、多层次差异化消费转变，这一系列变化，又为乡村产业转型升级和新产业的孕育发展带来了巨大空间。

因此，发展乡村产业，最重要的是要顺应经济社会发展规律，以满足市场需求为导向，以乡村资源、产业基础、人文历史等优势为依托，因地制宜地选择适合本地的乡村产业。防止盲目跟风，避免形成"千人一面"的产业格局。就全国来讲，以下九类行业应当作为乡村重点产业予以研究和关注。

（一）现代特色农业

农业是乡村产业的主体，发展乡村产业，首要任务是建设现代农业。2019年，我国人均GDP突破1万美元，处于消费升级加快提升阶段，给特色农业发展带来重要机遇。因此，要在保障粮食安全的前提下，结合各地的实际发展特色农业，把地方优势特色农产品做大做强，做出品牌，使之成为农民增收就业的重要途径。

稻在水中长，虾在稻下游，这正是湖北省潜江市"虾稻共作"生态种养模式的生动写照。潜江市一些公司与当地水稻种植合作社及种粮大户采取订单形式开展合作。农民只需专心种养，为企业提供优质虾稻、稻虾；企业则包揽加工、经营、销售等环节，通过产业化经营，将农产品的增值收益更多地留在本地、留给农民。虾稻产业已形成集科研、养殖、加工、出口、餐饮服务、冷链物流等为一体的完整产业链。如今，小龙虾供不应求，生态

稻米受市场追捧，农民钱袋子越来越鼓。"农户+公司"极大地拓宽了农民就业、增收渠道，双方形成了利益共同体。

过去农村搞种养，城市搞加工流通，农民靠卖原材料拿不到多少增值收益。发展乡村产业，必须创新产业组织方式，积极推进"农户+合作社""农户+公司"等模式，推动种养业向农产品加工流通业全面拓展，尽可能把整个产业链留在县乡村，让农民更多分享增值收益。农业农村部已开始启动农产品加工业提升行动，加快发展适合农民经营的农产品初加工和精深加工，支持农民建设田头贮藏、预冷保鲜、分级包装、冷链物流设施，鼓励发展直销直供、农产品电商等流通新业态，提高农产品加工流通水平。

（二）农业生产性服务业

农业生产性服务业，通俗地说就是为农民从事农业生产经营提供方便、为农民省心省钱省力气的产业。通过服务，满足农民多方面的需求：①省力。在种、防、收的过程中用机器代替人，让农民生产经营省力气。②省钱。个人分散购买化肥农药量少，价格高；农户自购农机，使用不经济、利用不充分，不划算。集中采购、集中作业，帮助农民更省钱。③省心。农产品能否卖出、能不能卖个好价钱，这是农民最关心、最在意的。服务组织提供销售服务，帮助农民省心地卖出好价钱。④赚钱。服务组织帮助农民实现节本增收，农民省了钱，服务组织也通过提供服务赚了钱。

从世界范围看，农村地区分工分业都是一个不断深化的过程，一些国家在现代农业的发展过程中，催生出多种多样的农业生产性服务组织，促进了农业全产业链的发展。随着农村社会结构和经济结构的发展变化，农业生产性服务业的市场需求将快速增长，必须适应这种要求，大力发展农业生产性服务业，推进农资供应、技术推广、农机作业、疫病防治、金融保险、产品分级、储存和运销等服务的社会化和专业化，为千家万户农民产前、产中、产后服务提供有力保障。

（三）农村生活性服务业

随着经济社会的发展，无论农村人口还是城市人口对农村生活性服务业的需求都会显著上升。从农村人口看，随着城镇化深入推进，农村人口结构发生深刻变化，老龄化速度加快，高龄、失能和患病老人的照料护理问题日益突出。将来，城镇化达到一个较高水平后，农村仍会有几亿人居住生活。随着农民收入水平的持续提高，生活观念和方式的不断变化，农村的养老托幼产业、物品维修产业、批发零售业、电子商务、金融保险等生活性服务业大有可为。另一方面，从城市人口看，随着农村基础设施的改善和生态环境建设的加强，美丽的田园风光、清新的空气和良好的人居环境，会吸引大量的城里人回归农村养老、康养、休闲、旅游，这为农村生活性服务业的发展提供了广阔的空间。

（四）乡村传统特色产业

我国悠久的历史、勤劳智慧的人民、多彩的民族，培育了许多具有地域特色的传统产业，如竹编、蜡染、剪纸、木雕、石刻、银饰、民族服饰等传统的手工业，再如卤制品、酱制品、豆制品以及腊肉腊肠、火腿等传统的食品加工业，这些传统土特产品，地域特色浓厚，承载着历史的记忆，传承着民族的文化，有独特的产业价值。因此，要把这些产品很好地传承保护和开发利用,发挥品牌效应,提升"乡土制造"的魅力和效益,这不但能够满足人们日益多样化、特色化的市场需求,培育形成地方的乡村土特产业,而且能够保护传统技艺、传承民族文化。

(五)农产品加工业

农产品加工业是连接工业与农业、城市与农村的产业,行业覆盖面广、产业关联度高、辐射带动作用强,是拉动农村经济发展和农民就业增收的重要增长极。但是,从总体上看,行业大而不强,增长方式粗放,发展水平不高的问题十分突出。特别是农产品产地储藏、保鲜、烘干等初加工,设施简陋、方法原始、工艺落后,农产品产后损失严重。大量农产品产后腐烂变质,不仅滋生蚊蝇、污染环境,甚至还有个别不法经营者用霉变的农产品加工成食品或饲料,成为影响食品质量安全的重大隐患。另一方面,随着我国人民生活水平的逐步提高、生活节奏的不断加快以及食物消费理念的转变,人们一日三餐的主食消费方式正在从家庭自制为主向大量依赖社会化供应转变。据典型调查,城镇居民约70%、农村居民约40%的谷物类主食依赖于市场采购。而我国目前主食产品的工业化水平极低,大量主食产品依赖小作坊、小摊贩为主生产和供应,产品的质量、安全、卫生难以保障,加快主食工业化发展成为一项紧迫的民生工程。同时方便食品、休闲食品、功能食品的市场需求也快速增长。因此,各地可根据市场需求和资源条件,积极发展适合本地产业特点的农产品加工业,延长农业产业链、就业链和效益链,拉动农业农村经济和县域经济发展。

(六)休闲农业和乡村旅游

浙江省松阳县被《中国国家地理》杂志誉为"最后的江南秘境",原本隐藏着100多个格局完整的传统村落。松阳县平田村通过邀请专业建筑设计团队对当地闲置老旧宅子进行改造,将传统农耕文化与城市生活理念相结合,既保护了古建筑,又带动了民宿的发展。老房子的"心脏"复苏了,原本默默无闻的村庄人气大涨,一房难求,慕名而来的游客甚至搭帐篷住下。

现在,乡村的田园风光、独特风俗、慢节奏生活,对城镇居民越来越有吸引力。对此,各地可积极推进农业与旅游、教育、文化、康养等产业深度合,推动乡村从主要"卖产品",向更多"卖风景""卖文化""卖体验"转变。促进乡村旅游健康发展,实施休闲农业和乡村旅游精品工程,建设一批美丽休闲乡村、森林人家、乡村民宿等精品项目,发展乡村共享经济、创意农业等新业态。

(七)乡村建筑业

随着乡村振兴战略的实施,农村基础设施和人居环境的改善为农村建筑业发展提供了强劲持久的动力。但是,目前乡村建筑业无组织、无标准、无管理的问题比较突出。要重视发展农村建筑业,制定适合农村特点的建筑业管理标准,加强农村建筑施工队资质管理,规范农村建筑市场,培育产业大军,树立建筑品牌。

(八)乡村环保产业

我国每年农村生活垃圾、畜禽粪便、农作物秸秆等生物质资源高达几十亿吨,目前有相当比例没有得到资源化利用，不但浪费了资源，而且成为农村的重要污染源。此外，乡村环境基础设施建设滞后等问题也很突出。2017年国家发布了全国农村环境综合整治"十三五"规划，启动了人居环境整治3年行动计划，农村环保产业越来越成为投资的亮点。

（九）乡村文化产业

当前部分农村地区精神文化建设相对滞后的问题仍很突出，农村文化基础设施不健全，农村文化建设主体缺位，农民对健康向上精神文化的需求无法得到满足。要发展乡村特色文化产业，建设农耕文化产业展示区，积极开发民间艺术、民俗表演项目，培育打造乡土特色文化产业和创意产品。要大力发展乡村特色文化产业，支持农村文化产品的创作，深入挖掘传统文化，用农民喜闻乐见的戏曲、小品等形式，发扬好传统，传播正能量，丰富农民精神世界，促进乡风文明建设。

四、2020年中央"一号文件"

2020年2月5日中共中央、国务院公开发布《关于抓好"三农"领域重点工作确保如期实现全面小康的意见》。这是新世纪以来，党中央连续发出的第十七个"一号文件"。2020年的中央"一号文件"对标对表全面建成小康社会目标，强调坚决打赢脱贫攻坚战，加快补上全面小康"三农"领域突出短板，对我们做好2020年的"三农"工作，确保脱贫攻坚战圆满收官，确保农村同步全面建成小康社会具有十分重要的指导意义。

全文共5个部分，包括：坚决打赢脱贫攻坚战；对标全面建成小康社会加快补上农村基础设施和公共服务短板；保障重要农产品有效供给和促进农民持续增收；加强农村基层治理；强化农村补短板保障措施。

（一）文件出台的背景

2020年是全面建成小康社会目标实现之年，是全面打赢脱贫攻坚战收官之年。完成这两大目标任务，脱贫攻坚还有一些最后的堡垒必须攻克，全面小康"三农"领域还有一些突出的短板必须补上。面对国内外风险挑战明显上升、经济下行压力加大的复杂局面，稳住农业基本盘、发挥"三农"压舱石作用至关重要。做好2020年"三农"工作具有特殊重要性，必须毫不松懈，持续加力，确保脱贫攻坚战圆满收官，确保农村同步全面建成小康社会。

（二）脱贫攻坚还有哪些堡垒，收官之年将如何收官

打赢脱贫攻坚战是全面建成小康社会的底线任务和标志性指标，是我们党向人民做出的庄严承诺。党的十八大以来，以习近平同志为核心的党中央把脱贫攻坚摆到治国理政的突出位置，总书记亲自挂帅、亲自出征、亲自督战，全党全社会总动员。截至2019年年底，农村贫困人口累计减少9 500多万，平均每年减贫1 300万人以上，770个贫困县已经或拟摘帽退出，贫困发生率降至2%以下，创造了我国减贫史上的最好成绩。

2020年是脱贫攻坚战收官之年，还有一些最后的堡垒必须攻克。这些堡垒主要体现

在两个方面：一个是深度贫困地区，这些地区自然条件较差、基础条件薄弱、发展滞后、公共服务不足，是多年想啃没啃下来的硬骨头。必须集中力量进行强力帮扶，确保如期脱贫。还有一个是特殊贫困群体，也就是老弱病残等困难群体，对这类缺乏劳动能力的群体，通过统筹各类社会保障政策，实现应保尽保、应兜尽兜。

在脱贫攻坚战收官之年要做好以下工作：①完成好剩余脱贫任务。目前预计还有300万农村贫困人口没有脱贫，还剩下50多个贫困县尚未摘帽。重点是在普遍实现"两不愁"基础上，全面解决"三保障"和饮水安全问题，确保剩余贫困人口如期脱贫。②巩固脱贫成果防止返贫。已经攻下来的阵地必须牢牢守住，对已脱贫人口开展全面排查，查补漏洞和缺项，同时加强对不稳定脱贫户、边缘户动态识别，及时将返贫人口和新发生贫困人口纳入帮扶。③做好考核验收和宣传工作。严格执行贫困退出标准和程序，坚决杜绝数字脱贫、虚假脱贫，确保脱贫成果经得起历史检验，积极做好脱贫攻坚宣传工作，讲好中国扶贫故事。④研究接续推进减贫工作。打赢脱贫攻坚战以后，巩固脱贫成果任务仍然繁重，减贫事业不会画上句号。要抓紧研究建立解决相对贫困的长效机制，推动减贫战略和工作体系平稳转型，将解决相对贫困问题纳入实施乡村振兴战略统筹安排。

（三）全面建成小康社会，"三农"领域还有哪些必须补上的短板

2020年中央一号文件对标对表全面建成小康社会目标任务，提出了农村基础设施和公共服务8个方面的短板。①农村公共基础设施方面。主要是推动"四好农村路"示范创建提质扩面，在完成具备条件的建制村通硬化路和通客车任务基础上，有序推进较大人口规模自然村（组）等通硬化路建设，支持村内道路建设和改造。②农村供水保障方面。重点是全面完成农村饮水安全巩固提升工程任务，有条件的地区推进城乡供水一体化。③农村人居环境整治方面。重点是分类推进农村厕所革命，全面推进农村生活垃圾治理，梯次推进生活污水治理，广泛开展村庄清洁行动。完成农村人居环境整治三年行动任务，干干净净迎小康。④农村教育方面。硬件上，加强乡镇寄宿制学校建设，统筹小规模学校布局，改善农村办学条件。软件上，加强乡村学校教师队伍建设，落实教师管理、工资待遇、职称评定、住房保障等政策。⑤农村基层医疗卫生服务方面。在建好县乡村三级医疗卫生机构、消除医疗服务空白点的同时，重点加强乡村医生队伍建设，简化乡村医生招聘程序，支持高校医学毕业生到中西部地区和艰苦边远地区乡村工作，乡镇卫生院优先聘用符合条件的村医。⑥农村社会保障方面。主要是适当提高城乡居民基本医疗保险财政补助和个人缴费标准，加强农村低保对象动态精准管理，合理提高社会救助水平，发展互助式养老等。⑦乡村公共文化服务方面。主要是扩大乡村文化惠民工程覆盖面、鼓励送文化下乡、实施乡村文化人才培养工程等。以"庆丰收、迎小康"为主题办好小康之年的中国农民丰收节。⑧农村生态环境治理方面。主要是对做好畜禽粪污资源化利用、农药化肥减量、长江流域重点水域常年禁捕、黑土地保护、农村水系综合整治等提出要求。

2020年党的强农惠农富农政策继续响鼓重锤，坚决贯彻落实中央关于"三农"工作的决策部署，切实加强党对农村工作的领导，坚持农业农村优先发展，坚定信心、锐意进取，埋头苦干、扎实工作，切实完成好"三农"各项重点任务，为决胜全面建成小康社会、实现第一个百年奋斗目标具有重大意义。

拓展阅读

中央"一号文件"

中央"一号文件"原指中共中央每年发的第一份文件,该文件在国家全年工作中具有纲领性和指导性的地位。"一号文件"中提到的问题是中央全年需要重点解决,也是当前国家亟须解决的问题,更从一个侧面反映出了解决这些问题的难度。中共中央在1982—1986年连续五年发布以农业、农村和农民为主题的中央"一号文件",对农村改革和农业发展做出具体部署。2004—2019年又连续16年发布以"三农"(农业、农村、农民)为主题的中央"一号文件",强调了"三农"问题在中国社会主义现代化时期"重中之重"的地位。盘点21世纪以来的这16份中央"一号文件",其中既有针对"三农"工作全局的,也有专门针对农业科技、农田水利、新农村建设等专项工作的。"一号文件"连续16次锁定"三农",凸显出"三农"问题在中国"重中之重"的地位。

(1)2004年2月8日,21世纪的第一个关于"三农"的中央"一号文件"——《中共中央国务院关于促进农民增加收入若干政策的意见》(即改革开放以来第六个涉农的1号文件)公布。自此,中央"一号文件"重新锁定"三农"问题。

(2)2005年1月30日,《中共中央国务院关于进一步加强农村工作提高农业综合生产能力若干政策的意见》,即改革开放以来第七个关注"三农"的中央"一号文件"。文件要求,坚持"多予少取放活"的方针,稳定、完善和强化各项支农政策。当前和今后一个时期,要把加强农业基础设施建设,加快农业科技进步,提高农业综合生产能力,作为一项重大而紧迫的战略任务,切实抓紧抓好。

(3)2006年2月,中共中央、国务院下发《中共中央国务院关于推进社会主义新农村建设的若干意见》,即改革开放以来第八个关注"三农"的中央"一号文件"。这份2006年中央"一号文件"显示,中共十六届五中全会提出的社会主义新农村建设的重大历史任务将迈出有力的一步。

(4)2007年1月29日,《中共中央国务院关于积极发展现代农业扎实推进社会主义新农村建设的若干意见》下发,即改革开放以来中央第九个关注"三农"的中央"一号文件"。文件要求,发展现代农业是社会主义新农村建设的首要任务,要用现代物质条件装备农业,用现代科学技术改造农业,用现代产业体系提升农业,用现代经营形式推进农业,用现代发展理念引领农业,用培养新型农民发展农业,提高农业水利化、机械化和信息化水平,提高土地产出率、资源利用率和农业劳动生产率,提高农业素质、效益和竞争力。

(5)2008年1月30日,《中共中央国务院关于切实加强农业基础建设进一步促进农业发展农民增收的若干意见》下发,即改革开放以来中央第十个关注"三农"的中央"一号文件"。该文件共分八个部分,约15 000字,包括:加快构建强化农业基础的长效机制、切实保障主要农产品基本供给、突出抓好农业基础设施建设、着力强化农业科技和服务体系基本支撑、逐步提高农村基本公共服务水平、稳定完善农村基本经营制度和深化农村改革、扎实推进农村基层组织建设、加强和改善党对"三农"工作的领导。

(6)2009年2月1日,《中共中央国务院关于2009年促进农业稳定发展农民持续增收的若干意见》共分五个部分，约 11 000 字，包括：加大对农业的支持保护力度、稳定发展农业生产、强化现代农业物质支撑和服务体系、稳定完善农村基本经营制度、推进城乡经济社会发展一体化。

（7）2010 年 1 月 31 日，《中共中央国务院关于加大统筹城乡发展力度进一步夯实农业农村发展基础的若干意见》下发。文件指出，在保持政策连续性、稳定性的基础上，进一步完善、强化近年来"三农"工作的好政策，提出了一系列新的重大原则和措施。

（8）2011 年 1 月 29 日发布的《中共中央国务院关于加快水利改革发展的决定》，是改革开放以来中央关注"三农"的第十三个中央"一号文件"，也是新中国成立 62 年来中央文件首次对水利工作进行全面部署。

（9）2012 年 2 月 1 日发布的《中共中央国务院关于加快推进农业科技创新持续增强农产品供给保障能力的若干意见》，是改革开放以来指导"三农"工作的第十四个中央"一号文件"。文件突出强调部署农业科技创新，把推进农业科技创新作为 2012 年"三农"工作的重点。

（10）2013 年 1 月 31 日，《中共中央国务院关于加快发展现代农业进一步增强农村发展活力的若干意见》下发，中央"一号文件"连续第十年聚焦"三农"。文件提出，鼓励和支持承包土地向专业大户、家庭农场、农民合作社流转。其中，"家庭农场"的概念首次在中央"一号文件中"出现。

（11）2014 年 1 月 19 日消息，中共中央、国务院近日印发了《中共中央国务院关于全面深化农村改革加快推进农业现代化的若干意见》。文件提出，要坚决破除体制机制弊端，坚持农业基础地位不动摇，加快推进农业现代化。健全城乡发展一体化体制机制、推进城乡基本公共服务均等化。加快推动农业转移人口市民化。

（12）2015 年 2 月 1 日，中央"一号文件"《中共中央国务院关于加大改革创新力度加快农业现代化建设的若干意见》发布。文件内容：围绕建设现代农业，加快转变农业发展方式；围绕促进农民增收，加大惠农政策力度；围绕城乡发展一体化，深入推进新农村建设；围绕增添农村发展活力，全面深化农村改革；围绕做好"三农"工作，加强农村法治建设。

（13）2016 年 1 月 27 日，中央"一号文件"《中共中央国务院关于落实发展新理念加快农业现代化实现全面小康目标的若干意见》正式发布。这是自 2014 年以来连续第三次将"农业现代化"写入标题的中央"一号文件"，并强调要用发展新理念破解"三农"新难题，提出要推进农业供给侧结构性改革，这对解决"三农"新老问题、有序推动农业现代化、确保亿万农民迈入全面小康社会，具有重要意义。

（14）2017 年 2 月 5 日，中共中央、国务院公开发布《中共中央国务院关于深入推进农业供给侧结构性改革加快培育农业农村发展新动能的若干意见》，这是新世纪以来，党中央连续发出的第十四个指导"三农"工作的中央"一号文件"。提出深入推进农业供给侧结构性改革。

（15）2018 年 2 月 4 日，中共中央、国务院发布《中共中央国务院关于实施乡村振兴战略的意见》。文件指出，实施乡村振兴战略，是党的十九大做出的重大决策部署，是决胜全面建成小康社会、全面建设社会主义现代化国家的重大历史任务，是新时代

"三农"工作的总抓手。

（16）2019年2月19日，中共中央、国务院印发《中共中央国务院关于坚持农业农村优先发展做好"三农"工作的若干意见》。文件提出，对标全面建成小康社会"三农"工作必须完成的硬任务，适应国内外复杂形势变化对农村改革发展提出的新要求，抓重点、补短板、强基础，确保顺利完成到2020年承诺的农村改革发展目标任务。

（17）2020年2月5日，中共中央国务院发布《中共中央国务院关于抓好"三农"领域重点工作确保如期实现全面小康的意见》正式发布。文件明确2020年两大重点任务是集中力量完成打赢脱贫攻坚战和补上全面小康"三农"领域突出短板，并提出一系列含金量高、操作性强的政策举措。

思考题

1. 乡村振兴战略的总体要求是什么？
2. 实施乡村振兴战略的重大意义是什么？

参考文献

[1] 韩长赋. 大力实施乡村振兴战略（认真学习宣传贯彻党的十九大精神）[N/OL]. 人民日报，2017-12-11（7）[2018-06-19].

http://paper.people.com.cn/rmrb/html/2017-12/11/nw.D110000renmrb_20171211_1-07.htm.

[2] 习近平. 在决战决胜脱贫攻坚座谈会上的讲话[EB/OL]. （2020-03-06）[2020-05-27].

http://www.xinhuanet.com/politics/leaders/2020-03/06/c_1125674682.htm.

[3] 韩长赋. 奋力做好"三农"工作 决胜全面小康[EB/OL]. （2020-02-06）[2020-05-27].

http://paper.people.com.cn/rmrb/html/2020-02/06/nw.D110000renmrb_20200206_1-10.htm.

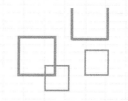

专题五
开创"一带一路"国际合作新局面

两千多年前,世界各国人民便通过海陆两条丝绸之路开展商贸往来。作为和平、繁荣、开放、创新、文明之路,"一带一路"必将会行稳致远,惠及天下。

一、"一带一路"倡议概况

2013年9月7日,习近平主席出访哈萨克斯坦,在纳扎尔巴耶夫大学发表演讲时提出共同建设"丝绸之路经济带"的倡议;同年10月,习近平在印度尼西亚国会发表演讲时提出共同建设"21世纪海上丝绸之路"的倡议。自此,"一带一路"倡议走进世界视野,逐步引发全球共鸣。

(一)"一带一路"倡议的提出和推进过程

2013年9月7日国家主席习近平在哈萨克斯坦访问期间,在纳扎尔巴耶夫大学发表重要演讲,首次提出了加强政策沟通、道路联通、贸易畅通、货币流通、民心相通,共同建设"丝绸之路经济带"的倡议。

2013年10月3日,习近平出访东盟国家时在印尼国会发表演讲,提出,中国愿同东盟国家加强海上合作,使用好中国政府设立的中国-东盟海上合作基金,发展好海洋合作伙伴关系,共同建设"21世纪海上丝绸之路"。

2014年9月11日,习近平主席出席中俄蒙三国元首会晤时提出,将"丝绸之路经济带"同"欧亚经济联盟"、蒙古国"草原之路"倡议对接,打造中蒙俄经济走廊,随后三国签署了《建设中蒙俄经济走廊规划纲要》,成为共建"一带一路"框架下的首个多边合作规划纲要。

2014年12月29日,丝路基金有限责任公司在北京注册成立并正式运行。丝路基金秉承"开放包容、互利共赢"的理念,为"一带一路"框架内的经贸合作和双边多边互联互通提供投融资支持。

2015年3月28日,《推动共建丝绸之路经济带和21世纪海上丝绸之路的愿景与行动》发布,从时代背景、共建原则、框架思路、合作重点、合作机制等方面对"一带一路"倡议进行阐释。

2015年12月25日,亚洲基础设施投资银行正式成立,这是全球首个由中国倡议设立的多边金融机构,重点支持基础设施建设,促进亚洲区域的建设互联互通化和经济一体化进程。

2017年5月14—15日,第一届"一带一路"国际合作高峰论坛在北京举行,主题为

"加强国际合作，共建'一带一路'，实现共赢发展"。

2017年6月20日，《"一带一路"建设海上合作设想》发布，首次就推进"一带一路"建设海上合作提出中国方案，向国际社会阐释共建"21世纪海上丝绸之路"的核心理念，深化与沿线国家的海上合作。

2018年1月，中国—拉美和加勒比国家共同体论坛第二届部长级会议发表关于"一带一路"倡议的特别声明，中方认为拉美和加勒比国家是海上丝绸之路的自然延伸和"一带一路"国际合作不可或缺的参与方，邀请拉美和加勒比国家自愿加入该倡议。拉共体国家认为"一带一路"倡议可以成为深化中国与拉美和加勒比国家经济、贸易、投资、文化、旅游等领域合作的重要途径。

2018年7月，中阿合作论坛第八届部长级会议上，中阿双方达成并签署有关合作共建"一带一路"的行动宣言，阿方欢迎"一带一路"倡议，赞赏中阿双方在此框架内合作所取得的丰硕成果，商定将以习近平主席提出的共建"一带一路"为主线，为增进战略互信、实现复兴梦想、实现互利共赢、促进包容互鉴共同努力。

2018年7月21日，中国和塞内加尔签署了共建"一带一路"合作文件，塞内加尔成为第一个同中国签署"一带一路"合作文件的西非国家。

2018年8月27日，习近平主席在北京出席推进"一带一路"建设工作5周年座谈会并发表重要讲话，强调共建"一带一路"顺应了全球治理体系变革的内在要求，彰显了同舟共济、权责共担的命运共同体意识，为完善全球治理体系变革提供了新思路、新方案。

2018年9月，中非合作论坛北京峰会发出这样的宣言：非洲是"一带一路"历史和自然延伸，是重要参与方。中非双方一致同意将"一带一路"同联合国2030年可持续发展议程、非盟《2063年议程》和非洲各国发展战略紧密对接，加强政策沟通、设施联通、贸易畅通、资金融通、民心相通，促进双方"一带一路"产能合作，加强双方在非洲基础设施和工业化发展领域的规划合作，为中非合作共赢、共同发展注入新动力。共建"一带一路"正在中国与非洲之间搭建起新的合作桥梁，开辟新的合作天地。

2019年4月25—27日，第二届"一带一路"国际合作高峰论坛在北京举行，国家主席习近平出席开幕式并发表题为《齐心开创共建"一带一路"美好未来》的主旨演讲，强调共建"一带一路"为世界各国发展提供了新机遇，也为中国开放发展开辟了新天地。面向未来，我们要秉持共商、共建、共享原则，坚持开放、绿色、廉洁理念，努力实现高标准、惠民生、可持续目标，推动共建"一带一路"沿着高质量发展方向不断前进。

（二）"一带一路"的基本内涵

1."一带一路"是开放性、包容性的区域合作倡议，而非排他性、封闭性的中国"小圈子"

当今世界是一个开放的世界，开放带来进步，封闭导致落后。"一带一路"倡议就是要把世界的机遇转变为中国的机遇，把中国的机遇转变为世界的机遇。正是基于这种认知与愿景，"一带一路"以开放为导向，冀望通过加强交通、能源和网络等基础设施的互联互通建设，促进经济要素有序自由流动、资源高效配置和市场深度融合，开展更大范围、更高水平、更深层次的区域合作，打造开放、包容、均衡、普惠的区域经济合作架构，以此来解决经济增长和平衡问题。这意味着"一带一路"是一个多元开放包容的合作性倡议。可以说，"一带一路"的开放包容性特征是区别于其他区域性经济倡议的一个突出特点。

2．"一带一路"是务实合作平台，而非中国的地缘政治工具

"和平合作、开放包容、互学互鉴、互利共赢"的丝路精神成为人类共有的历史财富，"一带一路"就是秉承这一精神与原则提出的现时代重要倡议。通过加强相关国家间的全方位多层面交流合作，充分发掘与发挥各国的发展潜力与比较优势，彼此形成了互利共赢的区域利益共同体、命运共同体和责任共同体。在这一机制中，各国是平等的参与者、贡献者、受益者。因此，"一带一路"从一开始就具有平等性、和平性特征。平等是中国所坚持的重要国际准则，也是"一带一路"建设的关键基础。只有建立在平等基础上的合作才能是持久的合作，也才会是互利的合作。"一带一路"平等包容的合作特征为其推进减轻了阻力，提升了共建效率，有助于国际合作真正"落地生根"。同时，"一带一路"建设离不开和平安宁的国际环境和地区环境，和平是"一带一路"建设的本质属性，也是保障其顺利推进所不可或缺的重要因素。这些就决定了"一带一路"不应该也不可能沦为大国政治较量的工具，更不会重复地缘博弈的老套路。

3．"一带一路"是共商共建共享的联动发展倡议，而非中国的对外援助计划

"一带一路"建设是在双边或多边联动基础上通过具体项目加以推进的，是在进行充分政策沟通、战略对接以及市场运作后形成的发展倡议与规划。"一带一路"建设的核心主体与支撑力量并不在政府，而是企业，根本方法是遵循市场规律，并通过市场化运作模式来实现参与各方的利益诉求，政府在其中发挥构建平台、创立机制、政策引导等指向性、服务性功能。

4．"一带一路"是和现有机制的对接与互补，而非替代

"一带一路"建设的相关国家要素禀赋各异，比较优势差异明显，互补性很强。有的国家能源资源富集但开发力度不够，有的国家劳动力充裕但就业岗位不足，有的国家市场空间广阔但产业基础薄弱，有的国家基础设施建设需求旺盛但资金紧缺。我国经济规模居全球第二，外汇储备居全球第一，优势产业越来越多，基础设施建设经验丰富，装备制造能力强、质量好、性价比高，具备资金、技术、人才、管理等综合优势。这就为中国与其他"一带一路"参与方实现产业对接与优势互补提供了现实需要与重大机遇。因而，"一带一路"的核心内容就是要促进基础设施建设和互联互通，对接各国政策和发展战略，以便深化务实合作，促进协调联动发展，实现共同繁荣。因此，它不是对现有地区合作机制的替代，而是与现有机制互为助力、相互补充。

5．"一带一路"建设是促进人文交流的桥梁，而非触发文明冲突的引线

"一带一路"跨越不同区域、不同文化、不同宗教信仰，但它带来的不是文明冲突，而是各文明间的交流互鉴。"一带一路"在推进基础设施建设，加强产能合作与发展战略对接的同时，也将"民心相通"作为工作重心之一。通过弘扬丝绸之路精神，开展智力丝绸之路、健康丝绸之路等建设，在科学、教育、文化、卫生、民间交往等各领域广泛开展合作，使"一带一路"建设民意基础更为坚实，社会根基更加牢固。因此，"一带一路"建设要以文明交流超越文明隔阂、文明互鉴超越文明冲突、文明共存超越文明优越，为相关国家民众加强交流、增进理解搭起新的桥梁，为不同文化和文明加强对话、交流互鉴织就新的纽带，推动各国相互理解、相互尊重、相互信任。

(三)"一带一路"的国际意义

"一带一路"合作范围不断扩大,合作领域更为广阔。它不仅给参与各方带来了实实在在的合作红利,也为世界贡献了应对挑战、创造机遇、强化信心的智慧与力量。

1."一带一路"为全球治理提供了新的路径与方向

当今世界,经济增长乏力,动能不足,金融危机的影响仍在发酵,发展鸿沟日益突出,"黑天鹅"事件频出,贸易保护主义倾向抬头,"逆全球化"思潮涌动,地区动荡持续,恐怖主义蔓延肆虐。和平赤字、发展赤字、治理赤字的严峻挑战正摆在全人类面前。这充分说明现有的全球治理体系出现了结构性问题,亟须找到新的破题之策与应对方略。作为一个新兴大国,中国有能力、有意愿同时也有责任为完善全球治理体系贡献智慧与力量。面对新挑战新问题新情况,中国给出的全球治理方案是:构建人类命运共同体,实现共赢共享,而"一带一路"正是朝着这个目标努力的具体实践。

2."一带一路"为新时期世界走向共赢带来了中国方案

"一带一路"是促进共同发展、实现共同繁荣的合作共赢之路,是增进理解信任、加强全方位交流的和平友谊之路。"一带一路"建设不是对现有国际合作机制的挑战和替代,而是与现有机制互为助力、相互补充,针对国际合作中的瓶颈和制约因素提出"中国方案",以开放、合作、共赢的理念为世界经济注入正能量。

3."一带一路"为全球均衡可持续发展增添了新动力,提供了新平台

"一带一路"建设以亚洲国家为重点,以陆上和海上经济合作走廊为依托,贯穿亚欧非大陆,东边连接亚太经济圈,西边进入欧洲经济圈,涉及世界60多个国家、44亿人口,GDP规模超过21万亿美元,是世界跨度最大、覆盖面最广的新兴经济带。近年来,受国际金融危机影响,世界经济持续低迷,呈现低增长、低国际贸易流量的局面。中国经济增速虽有所放缓,但仍保持了中高速增长,位居世界主要经济体前列,成为拉动世界经济增长的重要引擎。"一带一路"涵盖了发展中国家与发达国家,实现了"南南合作"与"南北合作"的统一,有助于推动全球均衡可持续发展。

(四)"一带一路"成果丰硕

自习近平主席提出"一带一路"倡议以来,"一带一路"建设由点及面,在发展中不断前进、在合作中茁壮成长。"'一带一路'建设植根于丝绸之路的历史土壤,重点面向亚欧非大陆,同时向所有朋友开放。不论来自亚洲、欧洲,还是非洲、美洲,都是'一带一路'建设国际合作的伙伴。"习近平主席对各国共建"一带一路"的盛情邀请言犹在耳,"一带一路"建设已经驶入了加速推进的"快车道",成为世界经济全面复苏的一股强大动力。

围绕政策沟通、设施联通、贸易畅通、资金融通、民心相通开展的"五通"建设取得了丰硕成果,"一带一路"沿线国家的互联互通进一步密切和深化。

推进战略规划对接,政策沟通不断深化。我国大力推动与相关国家的发展战略、规划愿景、经济政策有效对接,截至2019年7月底,已经有160多个国家和国际组织同中国签署共建"一带一路"合作协议。各方通过政策对接,增强了政治互信和合作共识,发展的协同联动性不断增强。

推进重大项目建设，设施联通不断加强。高效畅通的国际大通道加快建设。中老铁路进展顺利，中泰铁路一期工程合作推进，雅万高铁22处重点工程已实现开工，匈塞铁路塞尔维亚境内贝旧段开工建设。7国签署的《关于深化中欧班列合作协议》有序落实，中欧班列铁路国际合作机制有效发挥作用，截至2019年6月底，中欧班列累计开行数量近1.7万列，到达境外16个国家、53个城市。

推进投资经贸合作，贸易畅通不断提升。在全球贸易持续低迷的背景下，2013—2017年，中国与共建"一带一路"国家贸易总额增幅为4.88%；2018年，我国企业在56个共建"一带一路"国家非金融类直接投资156.4亿美元，同比增长8.9%。我国与共建国家已经建设80多个境外经贸合作区，为中国企业海外投资找到新空间。

推进金融创新合作，资金融通不断扩大。我国与"一带一路"相关国家及有关机构开展了多种形式的金融合作。中国倡议成立亚洲基础设施投资银行，设立丝路基金，为亚欧有关国家急需项目已经提供了数十亿美元贷款。截至2020年6月，亚洲基础设施投资银行成员总数达到102个，遍布世界各大洲。

推进人文社会交流，民心相通不断深入。中国政府与有关国家相互开展文化年、旅游年、艺术节等各种人文合作项目，通过实施"丝绸之路"奖学金计划，在境外设立办学机构等，为沿线国家培育技术管理人才。2017年，来自沿线国家留学生达31.72万人，赴沿线国家留学的人数6.61万人。截至2019年4月，中国与"一带一路"参与国双向旅游交流超过6 000万人次。

二、"一带一路"书写改革开放新篇章

"一带一路"倡议是中国顺应世界发展大势，在深刻思考中国人民与人类前途命运的基础上，创造性地提出来的促进全球共同繁荣、文化交流互鉴、民心沟通相映的宏伟构想和中国方案，是中国扩大对外开放的重大举措。

（一）实现和平发展的战略举措

近代以来的世界史，从某种意义上说是一部西方大国武力崛起的"铁血史"。中国共产党领导人民破除"国强必霸"的陈旧历史逻辑，坚持走和平发展道路。习近平同志强调："中国已经进入全面建成小康社会的决定性阶段……我们面临的压力和阻力前所未有。""一带一路"倡议构想，是以习近平同志为总书记的党中央在中国由富到强的关键阶段做出的重大决策。推动实施这一决策，必将对中国和平发展发挥重要战略支撑作用。

（1）推动和平发展的大国方略。"一带一路"是一条和平之路。亚洲是当今世界发展最具有活力和最富有潜力的地区，也是当前国际战略竞争和博弈的一个焦点。面对周边领土主权争端、大国地缘政治博弈、民族宗教矛盾等问题交织叠加的安全态势，我国坚持"亲、诚、惠、容"的理念，积极倡导共同、综合、合作、可持续的亚洲安全观，指明了一条共建、共享、共赢的亚洲安全之路。建设"一带一路"，与相关各国通过合作促进共同安全，有效管控分歧和争端，推动各国关系协调与和谐，使沿线国家走上和平发展之路。同时，对保障我国战略安全、扩展战略空间、稳定能源供应、保障经济安全、突破遏制我国的战略包围具有重要意义。

（2）实现国家间战略协作的有效平台。国家之间的政治互信与战略对接，对于推进

和平发展至关重要。习近平同志强调：彼此坦诚相待，不惧怕分歧、不回避问题，就各自外交政策和发展战略进行充分交流，增进政治互信，促进战略对接。习近平同志在访俄时表示，欢迎俄方参与丝绸之路经济带和海上丝绸之路建设，使之成为两国全面战略协作伙伴关系发展的新型平台。在访欧时进一步指出，建设文明共荣之桥，把中欧两大文明连接起来。这些倡议得到受访各国元首的赞同和积极响应。"一带一路"，是一条合作共赢、汇集各方之路，是我国与其他大国实现战略对接、实现国家间战略协作的有效平台。

（3）承载丝路精神的文明载体。推进中国和平发展，既需要与各国经贸合作的支撑，也离不开文化交流的促进。习近平同志指出：民心相通是"一带一路"建设的重要内容，也是关键基础；千百年来，丝绸之路承载的和平合作、开放包容、互学互鉴、互利共赢精神薪火相传。弘扬丝路精神，就是要促进文明互鉴，尊重道路选择，坚持合作共赢，倡导对话交流。"一带一路"倡议构想涉及几十个国家、数十亿人口，这些国家在历史上创造了形态不同、风格各异的文明。建设"一带一路"，需要继承和弘扬"丝路精神"，充分发掘沿线国家深厚的历史文化资源，积极发挥文化交流与合作的作用，促进不同文明共同发展。这将有力推动形成"五色交辉，相得益彰；八音合奏，终和且平"的当代文明交流盛况，为中国也为世界的和平发展营造良好环境。

（二）打造中国经济升级版的战略谋划

党的十八大以来，我国经济发展进入转型升级阶段。打造升级版、催生"又一春"，关键一招是进一步释放深化改革开放的红利。建设"一带一路"，是全面深化改革的重要组成部分，是通过扩大开放促进经济结构调整，以内引外促进经济发展的务实之举，是顺应我国经济转型升级要求的重大战略举措。

（1）对外开放的新深化。党的十一届三中全会以来，我国对外开放由点到线、由线到面，从南到北、从东到西逐步扩展。从兴办经济特区到开放沿海港口城市、再到开辟沿海经济开放，从推动沿江、沿边和内陆省份对外开放到正式加入世界贸易组织，我国对外开放的广度和深度不断拓展。建设"一带一路"，是我们党在国际国内形势发生深刻变化的时代条件下，以全新理念推动的新一轮开放，有利于实现国内与国际的互动合作、对内开放与对外开放的相互促进，从而更好地利用两个市场、两种资源，拓展发展空间、释放发展潜力。

（2）经济转型的新引擎。当前，我国经济正处在转变发展方式、优化经济结构、转换增长动力的攻关期。推进"一带一路"建设，是实现我国经济结构转型升级的必然选择，也为我国区域经济协调发展带来新契机。"一带一路"是助推我国转向高质量发展、建设现代化经济体系的重要一环。"一带一路"将使我国科技创新的路径从技术引进转向自主创新，成为我国自主知识产权、自主品牌、自主营销渠道建立的必经之路；"一带一路"将促进我国经济由代工转向自主，实现从全球价值链低端到中高端的跃升；"一带一路"也将成为我国走向创新、协调、绿色、开放、共享发展的"试验田"。

（3）互利合作的新拓展。发展潜力就是发展空间，发展潜力越大的地方，发展空间也越大。互补就是互利，发展禀赋互补性越强，互利共赢的利益汇合点就越多。"一带一路"的相关国家和地区有强大的发展潜力，与我国经济发展有较强的互补性。从世界范围看，亚洲和周边国家的区域合作相对滞后，如基础设施建设不联不通、联而不通或通而不畅，制约了区域合作的进一步发展。"一带一路"分别从陆上和海上推进互联互通，拓展开放通道，能够使相关国家在平等互利的基础上深化区域合作，为亚洲的整体振兴插上强劲的翅膀。加强政策沟通、道路联通、贸易畅通、货币流通、民心相通，找到利益契合点，能够最大限度实现经济发展战略的有效对接，逐步形成区域大合作的新格局。

（三）连接中国梦与世界梦的战略纽带

习近平同志强调，中国梦是和平、发展、合作、共赢的梦，与各国人民的美好梦想息息相通；中国人民愿同各国人民一道，携手共圆世界梦。"一带一路"将中国梦与世界梦更加紧密地联系在一起，是相关国家人民筑梦的战略纽带。

（1）创造战略机遇的中国智慧。由于丝绸之路沿线具有重要的区位优势、丰富的自然资源和广阔的发展前景，相关国家近年来纷纷提出针对这一区域的战略构想，影响较大的有日本的"丝绸之路外交战略"、俄印等国的"南北走廊计划"、欧盟的"新丝绸之路计划"和美国的"新丝绸之路战略"。世界主要国家针对这一区域的贸易自由化战略或区域经济合作方案，为我国实施"一带一路"倡议创造了机遇。习近平同志强调，要把世界的机遇转变为中国的机遇，把中国的机遇转变为世界的机遇，在中国与各国良性互动、互利共赢中开拓前进。建设"一带一路"，能够充分发挥上合组织、东盟"10+1"、中阿合作论坛等现有机制的作用，促进区域内经济要素有序自由流动和优化配置，带动沿线国家经济转型和发展。这既能为实现中国梦创造良好条件，又能向相关国家和地区辐射"中国红利"，实现战略机遇的对接、交汇。更为重要的是，"一带一路"建设可以与欧盟、北美自由贸易区形成"三足鼎立"态势，加快形成国际经济新格局，进而对经济全球化产生深远影响。

（2）建设世界命运共同体的中国担当。近年来，世界多极化、经济全球化深入发展，世界各国越来越紧密地联系在一起，形成了你中有我、我中有你的局面。我国公民和企业走向海外的数量屡创新高。"一带一路"不是中国利益独享的地带。建设"一带一路"，充分彰显了中国敢于担当的精神风貌和互利共赢的工作态度，有助于我国同沿线国家一道，推动政治、经贸、人文、安全领域合作再上新台阶，共同打造政治互信、经济融合和文化包容的利益共同体、命运共同体、责任共同体，真正使中国梦与世界梦交相辉映。

（3）推动践行正确义利观的中国道义。新形势下，中国积极倡导正确义利观，政治上秉持公道正义、坚持平等相待，遵守国际关系基本原则，反对霸权主义和强权政治，反对为一己之私损害他人利益、破坏地区和平稳定；经济上坚持互利共赢、共同发展。建设"一带一路"，是中国人践行正确义利观的实际举措，既维护了本国人民的根本利益，又兼顾相关国家和地区的共同利益。这样的主张与行动，顺应天下人心、彰显人间正道，赢得广泛认同，搭建起中国梦与世界梦息息相通的桥梁，谱写新的追梦华章。

三、第二届"一带一路"国际合作高峰论坛

2019年4月26日，第二届"一带一路"国际合作高峰论坛在北京开幕，国家主席习近平发表题为《齐心开创共建"一带一路"美好未来》的主旨演讲，强调共建"一带一路"为世界各国发展提供了新机遇，也为中国开放发展开辟了新天地。面向未来，我们要秉持共商共建共享原则，坚持开放、绿色、廉洁理念，努力实现高标准、惠民生、可持续目标，

推动共建"一带一路"沿着高质量发展方向不断前进。

共建"一带一路",要秉持共商共建共享原则,倡导多边主义,大家的事大家商量着办,推动各方各施所长、各尽所能,通过双边合作、三方合作、多边合作等各种形式,把大家的优势和潜能充分发挥出来,聚沙成塔、积水成渊。

共建"一带一路",要坚持和平合作、开放包容、互学互鉴、互利共赢的理念,不搞封闭排他的小圈子,把绿色作为底色,推动绿色基础设施建设、绿色投资、绿色金融,保护好我们赖以生存的共同家园;让"一带一路"成为廉洁之路,坚持一切合作都在阳光下运作,共同以零容忍态度打击腐败。

共建"一带一路",要努力实现高标准、惠民生、可持续目标,引入各方普遍支持的规则标准,推动企业在项目建设、运营、采购、招投标等环节按照普遍接受的国际规则标准进行,同时要尊重各国法律法规。要坚持以人民为中心的发展思想,聚焦消除贫困、增加就业、改善民生,让共建"一带一路"成果更好惠及全体人民,为当地经济社会发展做出实实在在的贡献,同时确保商业和财政上的可持续性,可持续发展是破解当前全球性问题的"金钥匙",共建"一带一路"是中国为世界提供的以合作共赢推动可持续发展的新方案。

国务委员兼外交部部长王毅就论坛成果接受媒体采访,指出第二届"一带一路"国际合作高峰论坛有三方面重要意义。

一是旗帜鲜明,奏响构建开放型世界经济主旋律。当前世界经济增长动力不足,保护主义、单边主义上升。在此背景下,高峰论坛为应对全球性挑战汇聚各方共识,发挥各方智慧和力量。习近平主席在主旨演讲中明确提出,商品、资金、技术、人员流通,可以为经济增长提供强劲动力和广阔空间;如果人为阻断江河的流入,再大的海,迟早都有干涸的一天。各方对此积极回应。各方领导人共同表明了反对保护主义和单边主义的明确态度,达成了大力推进互联互通,挖掘经济增长动力,推动可持续发展的政治共识。圆桌峰会联合公报中明确提出要推动贸易和投资自由化、便利化,支持开放、包容、以规则为基础的多边贸易体制。各方在论坛期间建立的"一带一路"多边对话合作平台,是在以实际行动构建开放型世界经济,践行多边主义的理念。这些再次表明,共建"一带一路"为世界经济增长开辟了新空间,为国际贸易和投资搭建了新平台,为完善全球经济治理拓展了新实践,为增进各国民生福祉做出了新贡献。

二是高屋建瓴,开启共建"一带一路"新阶段。习近平主席提出高质量共建"一带一路",这是推动世界经济强劲和包容增长的现实需要,是中国经济进入高质量发展阶段的自然延伸,是"一带一路"建设从"大写意"到"工笔画"的必然选择,也成为贯穿本次高峰论坛的鲜明主线。论坛期间,与会各方围绕绘制精谨细腻的"一带一路"工笔画,开展全方位对接合作,进一步明确了合作重点和路径。各方都认为,要着眼更深入的务实合作、更开放的联动发展、更广泛的互利共赢。要以高质量基础设施建设和产业合作为重点,解决好金融支撑、投资环境、风险管控、民心相通等关键问题。要为此建立工作机制、完善配套支持,形成更多可视化成果。这标志着共建"一带一路"重心进一步下沉,重点进一步明确,规划将更加科学,着力将更加精准,必将迈上走深走实、行稳致远的新征程。

三是内外联动,助推中国改革开放再出发。"一带一路"同中国的改革开放相辅相成、相互促进。共建"一带一路"体现了中国推进全方位开放格局的决心,而中国改革开放的深化又为共建"一带一路"注入了源源不断的动力。习近平主席在高峰论坛开幕式上宣布，中国将采取一系列重大改革开放举措，包括在更广领域扩大外资市场准入、更大力度加强知识产权保护国际合作、更大规模增加商品和服务进口、更加有效实施国际宏观经济政策协调、更加重视对外开放政策贯彻落实等。这些开放举措，是根据中国改革开放需要做出的自主选择，同时也将为共建"一带一路"和各国共同繁荣提供更多、更大的机遇。

四、"一带一路"为完善全球治理体系提供新思路

习近平主席在第二届"一带一路"国际合作高峰论坛开幕式讲话中强调，共建"一带一路"顺应了全球治理体系变革的内在要求，彰显了同舟共济、权责共担的命运共同体意识，为完善全球治理体系变革提供了新思路、新方案。

（一）构建全方位多层次复合型合作机制

与以往的国际合作机制相比，"一带一路"倡议开展合作的层次和领域更加丰富和全面，也更加深入和具体。随着"一带一路"建设的不断推进，沿线国家以及参与"一带一路"建设的世界各国和各类组织的往来不仅仅体现在国际贸易和国际投资上，还体现在其他多种方式的合作与共建。这意味着"一带一路"国际合作极大地丰富和加深了以往的国际合作机制，全方位多层次复合型合作机制成为"一带一路"国际合作的重大内涵与突出亮点。

"一带一路"沿线国家以及参与的世界各国和各类组织以政策沟通、设施联通、贸易畅通、资金融通、民心相通为主要内容，加强多个方面的合作。

（二）顺应经济全球化潮流开展务实合作

"一带一路"倡议具有空前的开放性和世界性，成为推进经济全球化的踏实平台和切实抓手。习近平主席在推进"一带一路"建设工作5周年座谈会上指出，共建"一带一路"不仅是经济合作，而且是完善全球发展模式和全球治理、推进经济全球化健康发展的重要途径。

当前，全球范围内的贸易与投资自由化面临挑战。中国旗帜鲜明反对贸易保护主义，致力于维护多边贸易体制，促进贸易和投资自由化、便利化，建设开放、包容、普惠、平衡、共赢的经济全球化。中国不仅在共建"一带一路"倡议中推动经济全球化，而且在实践中更是经济全球化的坚定执行者。中国深度参与经济全球化进程，推进"一带一路"国际合作与京津冀协同发展、长江经济带发展等重大国家战略对接，更高水平地促进经济"引进来""走出去"。中国参与和推动经济全球化的方式在不断深化、升级。

（三）推动包容性发展与可持续发展

"一带一路"建设所倡导构建的全球治理机制和架构，蕴含着包容性发展和可持续发展的理念，并以"一带一路"框架下的各国合作作为平台和抓手，切实推动包容性发展和可持续发展。

世界经济的发展是一盘整棋。发展中国家的发展需要引进发达国家的先进经验、科技和资金，而发达国家的资本、产品和服务一旦离开发展中国家的市场也会受限。因此，构

建惠及多方的包容性发展是经济发展本身的需要。通过包容性发展，可以使经济全球化、区域经济一体化、贸易和投资自由化带来的好处、效益和财富，惠及所有国家和人群，特别是要惠及弱势群体和欠发达国家。

中国倡导并力推更具包容性的自由贸易、国际合作，通过国际合作解决世界性的发展失衡、贫富差距、增长动力不足等问题。

（四）发展国际金融合作网络

"一带一路"倡议特别重视国际金融合作，以此增强融资能力、防范金融风险、提高金融效能。随着世界经济和世界金融市场的发展，金融问题变得越来越重要，已经成为世界各国必须面对的重大问题和挑战。

对于解决世界金融这道难题，共建"一带一路"做出了有效的探索，资金融通规模不断扩大，"一带一路"框架下的国际金融合作网络初具规模。在过去的几年中，中国同"一带一路"建设参与国和组织开展了多种形式的金融合作，并取得了显著成效，亚洲基础设施投资银行为"一带一路"建设参与国提供了超过45亿美元贷款，丝路基金实际出资近100亿美元，中国同中东欧"16+1"金融控股公司成立，等等。2018年以来，花旗、汇丰、渣打等西方大银行和金融机构竞相争取"一带一路"合作项目。此外，"一带一路"金融机构同世界银行等传统金融机构进行合作，形成了各有侧重、互为补充的国际性金融合作网络。

拓展阅读

习近平这样论述"一带一路"

1. 一切都在阳光下运行

"一带一路"不像国际上有些人所称是中国的一个阴谋，它既不是二战之后的马歇尔计划，也不是什么中国的图谋。

"一带一路"倡议一切都在阳光下运行。我们不搞小圈子，也不搞强买强卖。

共建"一带一路"倡议不是地缘政治工具，而是务实合作平台；不是对外援助计划，而是共商共建共享的联动发展倡议。

2. 用"三大原则"推进"五通"

只要各方秉持和遵循共商共建共享的原则，就一定能增进合作、化解分歧，把"一带一路"打造成为顺应经济全球化潮流的最广泛国际合作平台，让共建"一带一路"更好造福各国人民。

中国将同各方一道，秉持共商、共建、共享原则，推进政策沟通、道路联通、贸易畅通、货币流通、民心相通，实现发展战略对接，深化互利合作，为区域经济发展和民生改善注入强大动力。

"一带一路"建设秉持的是共商、共建、共享原则，不是封闭的，而是开放包容的；不是中国一家的独奏，而是沿线国家的合唱。

共商，就是集思广益，好事大家商量着办，使"一带一路"建设兼顾双方利益和关切，体现双方智慧和创意。共建，就是各施所长，各尽所能，把双方优势和潜能充分发挥出来，聚沙成塔，积水成渊，持之以恒加以推进。共享，就是让建设成果更多更公平惠及中阿人民，打造中阿利益共同体和命运共同体。

3. 把对话当作"黄金法则"

我提出"一带一路"倡议,就是要以互联互通为着力点,促进生产要素自由便利流动,打造多元合作平台,实现共赢和共享发展。

以"一带一路"建设为契机,开展跨国互联互通,提高贸易和投资合作水平,推动国际产能和装备制造合作,本质上是通过提高有效供给来催生新的需求,实现世界经济再平衡。

"一带一路"建设,倡导不同民族、不同文化要"交而通",而不是"交而恶",彼此要多拆墙、少筑墙,把对话当作"黄金法则"用起来,大家一起做有来有往的邻居。

共同建设丝绸之路经济带和 21 世纪海上丝绸之路与互联互通相融相近、相辅相成。如果将"一带一路"比喻为亚洲腾飞的两只翅膀,那么互联互通就是两只翅膀的血脉经络。

4. 人类命运共同体是最高目标

以共建"一带一路"为实践平台推动构建人类命运共同体,这是从我国改革开放和长远发展出发提出来的,也符合中华民族历来秉持的天下大同理念,符合中国人怀柔远人、和谐万邦的天下观,占据了国际道义制高点。

在"一带一路"建设国际合作框架内,各方秉持共商、共建、共享原则,携手应对世界经济面临的挑战,开创发展新机遇,谋求发展新动力,拓展发展新空间,实现优势互补、互利共赢,不断朝着人类命运共同体方向迈进。这是我提出这一倡议的初衷,也是希望通过这一倡议实现的最高目标。

推进"一带一路"建设,要聚焦发展这个根本性问题,释放各国发展潜力,实现经济大融合、发展大联动、成果大共享。

在新的历史条件下,我们提出"一带一路"倡议,就是要继承和发扬丝绸之路精神,把我国发展同沿线国家发展结合起来,把中国梦同沿线各国人民的梦想结合起来,赋予古代丝绸之路以全新的时代内涵。

(摘自 2018 年 9 月 6 日新华网《精辟!五年来习近平这样论述"一带一路"》)

思考题

1. "一带一路"倡议提出以来取得了哪些丰硕成果?
2. "一带一路"为完善全球治理体系提供了哪些新思路?

参考文献

[1] 国家发展改革委,外交部,商务部. 推动共建丝绸之路经济带和 21 世纪海上丝绸之路的愿景与行动[EB/OL].(2015-03-28)[2017-01-28].
http://www.sdpc.gov.cn/gzdt/201503/t20150328_669091.html.

[2] 习近平. 携手推进"一带一路"建设[R/OL].(2017-05-15)[2019-05-28].
http://www.xinhuanet.com/world/2019-04/26/c_1210119584.htm.

[3] 习近平. 推动共建"一带一路"走深走实造福人民[R/OL].(2018-08-27)[2019-05-28].
http://www.xinhuanet.com/2018-08/27/c_1123336562.htm.

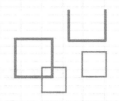

专题六

新时代两岸关系

坚持"九二共识",推动两岸关系和平发展,实现祖国完全统一,是实现中华民族伟大复兴的必然要求。党的十九大以来,在习近平总书记关于对台工作的重要论述引领下,两岸经贸关系稳中有进,两岸民间交流日趋热络,两岸青年交流逐步往纵深方向发展。两岸关系的发展,既为两岸关系和平发展注入了强大动力,也为祖国和平统一奠定了坚实基础。

一、《告台湾同胞书》发表 41 周年

1979 年 1 月 1 日,全国人大常委会发表了《告台湾同胞书》,郑重宣示了争取祖国和平统一的大政方针,明确提出了一系列发展两岸关系、促进和平统一进程的政策措施。41 年来,经过两岸同胞的共同努力,《告台湾同胞书》所提出的许多政策主张都已经变为现实。在当前两岸关系形势下,两岸同胞应该共同努力,维护两岸关系和平发展的政治基础和正确道路,坚决反对各种形式的"台独"分裂活动,继往开来,推动两岸关系和平发展,推进祖国和平统一进程。

(一)《告台湾同胞书》的发表

新中国成立后,如何解决台湾问题成为摆在中国共产党面前的重大政治课题。早在 1955 年 5 月,周恩来同志就代表中国政府第一次公开提出"中国人民愿意在可能的条件下,争取用和平的方式解放台湾"的主张。1956 年,毛泽东同志进一步指出,国共两党过去合作过两次,"我们还准备第三次合作",并在不同场合阐明了和平解放台湾的具体方针政策。1958 年 10 月,毛泽东同志起草以国防部长名义发布的《中华人民共和国国防部告台湾同胞书》《中华人民共和国国防部再告台湾同胞书》等文稿,公布和阐明了对台湾的新政策。1963 年,周恩来同志把这一系列对台新政策归纳为"一纲四目","一纲"即台湾必须统一于中国,"四目"具体阐述了台湾回归后的一系列政治安排。

1978 年 12 月 26 日,第五届全国人大常委会第五次会议讨论通过了《中华人民共和国全国人民代表大会常务委员会告台湾同胞书》(以下简称《告台湾同胞书》),并于 1979 年元旦正式发表。《告台湾同胞书》郑重宣布了在新的历史条件下台湾回归祖国、争取祖国和平统一的大政方针。其要点是:

(1)强调坚持一个中国的立场,反对台湾独立。这是我们与台湾当局"共同的立场,合作的基础"。

(2)在解决统一问题时,一定要考虑台湾的现实情况,"尊重台湾现状和台湾各界人

士的意见,采取合情合理的政策和办法,不使台湾人民蒙受损失"。

(3)提出解决台湾问题要"寄希望于1 700万台湾人民"的方针。

(4)停止对金门等岛屿的炮击,针对海峡两岸仍存在的军事对峙局面,提出首先应通过中华人民共和国政府和台湾当局之间的商谈结束这种军事对峙状态,以便为双方的任何一种范围的交往接触创造必要的前提和安全环境。

(5)希望"双方尽快实现通邮通航,以利双方同胞直接接触、互通讯息、探亲访友、旅游参观",并"发展贸易,互通有无,进行经济交流"。

《告台湾同胞书》中所宣告的台湾归回祖国、实现祖国和平统一大业的大政方针,标志着新时期对台方针政策的重大转变。《告台湾同胞书》在国内外得到了各方面的积极响应,广大台湾同胞、港澳同胞和海外侨胞热烈拥护。台湾地区的不少爱国有识之士,也热切赞同实行通邮、通商、通航,进行双方人员的各种交往,希望早日实现祖国的统一。

(二)《告台湾同胞书》发表以来两岸关系取得的成绩

《告台湾同胞书》发表41年来,对台工作取得巨大进展,两岸关系也经受住重大考验。这41年,是中国人民坚持"和平统一、一国两制"基本方针,大力推动两岸关系和平发展、推进祖国统一大业进程的41年,也是中国人民坚定维护国家主权和领土完整、与"台独"分裂势力及其分裂活动进行坚决斗争的41年。

(1)两岸关系蓬勃向前的趋势与潮流不可逆转。把握两岸关系发展时代变化,提出和平解决台湾问题的政策主张和"一国两制"科学构想,形成了坚持"一国两制"和推进祖国统一基本方略。推动打破两岸隔绝状态,实现全面直接双向"三通",开启两岸同胞大交流、大交往、大合作局面,彼此心灵日益契合。

(2)两岸民间与基层交流是两岸关系不断向前的原动力。1994年,全国人大常委会通过《台湾同胞投资保护法》,2016年做出修正,进一步便利台湾同胞在大陆投资。2018年,两岸经贸合作又上一层楼、人员往来更加频繁。2018年两岸贸易额达2 262亿美元,同比增长13.2%,首度突破2 000亿美元。2018年两岸人员往来创历史新高,超过905万人次,同比增长3.2%;台湾同胞来往大陆首次突破600万人次,其中"首来族"约40万人。大大增进了两岸同胞的亲情和福祉。

(3)排除"台独"分裂势力的干扰和破坏。2005年3月,第十届全国人大第三次会议高票通过了《反分裂国家法》,为遏制"台独"分裂、促进两岸关系发展、反对外部势力干涉台湾问题、争取祖国和平统一提供了坚实法治保障。

(4)祖国大陆是决定两岸关系与国家统一进程的关键力量。41年来,祖国大陆以经济建设为中心,对外开放,对内搞活,加快建设中国特色社会主义,使得祖国大陆综合实力快速增长,成为落实《告台湾同胞书》提出的工作任务和奋斗目标的强大经济基础,为开展两岸交流和做好台湾人民工作提供了强劲动力。

(三)举行《告台湾同胞书》发表40周年纪念会

2019年1月2日,《告台湾同胞书》发表40周年纪念会在北京举行。中共中央总书记、国家主席、中央军委主席习近平出席纪念会并发表重要讲话,代表祖国大陆人民,向广大台湾同胞致以诚挚的问候和衷心的祝福。

习近平强调,历史不能选择,现在可以把握,未来可以开创。新时代是中华民族大发展、大作为的时代,也是两岸同胞大发展、大作为的时代。前进道路不可能一帆风顺,但只要我们和衷共济、共同奋斗,就一定能够共创中华民族伟大复兴美好未来,就一定能够完成祖国统一大业。

习近平指出,回顾历史,是为了启迪今天、昭示明天。祖国必须统一,也必然统一。这是 70 载两岸关系发展历程的历史定论,也是新时代中华民族伟大复兴的必然要求。两岸中国人、海内外中华儿女理应共担民族大义、顺应历史大势,共同推动两岸关系和平发展、推进祖国和平统一进程。

习近平就推动两岸关系和平发展、实现祖国统一提出 5 点主张。

(1) 携手推动民族复兴,实现和平统一目标。
(2) 探索"两制"台湾方案,丰富和平统一实践。
(3) 坚持一个中国原则,维护和平统一前景。
(4) 深化两岸融合发展,夯实和平统一基础。
(5) 实现同胞心灵契合,增进和平统一认同。

习近平指出,国家的希望、民族的未来在青年。两岸青年要勇担重任、团结友爱、携手打拼。我们热忱欢迎台湾青年来祖国大陆追梦、筑梦、圆梦。两岸中国人要精诚团结,携手同心,为同胞谋福祉,为民族创未来。

(四)《告台湾同胞书》的重大历史意义

1979 年 1 月 1 日,全国人大常委会发表了《告台湾同胞书》,两岸关系从此进入和平统一的发展阶段。41 年来,不管岛内形势多么复杂、艰难,两岸敌对僵持的局面已然被打破,促进交流、和平发展、合作共赢成为两岸民众的共同语言与追求。

首先是在政治方面,1979 年前,台湾当局对大陆实行"不接触、不谈判、不妥协"的"三不"政策,两岸军事高度对峙。《告台湾同胞书》发表后,大陆率先做出调整,促使两岸紧张关系走向缓和。1980 年台当局宣布解除"反共戡乱戒严令",1990 年海基会、海协会随之成立。1992 年两岸达成"九二共识",促进了两岸民间交流的活跃。2000 年民进党上台,两岸重现剑拔弩张的局面。2008 年国民党重新执政,两岸关系走上和平发展道路。两会制度性协商机制得以恢复,并先后举行了 11 次会谈,签署了 21 项重要协定,国台办与陆委会建立起联系沟通机制,2015 年"习马会"的举行,更将两岸政治关系发展推上一个新台阶,和平解决两岸关系展现出光明前景。

其次是在经济上,目前,大陆已成为台湾最大的贸易伙伴和最大的贸易顺差来源地,台湾则成为大陆第八大贸易伙伴。

再次是文化上。大陆和台湾,本就一家亲,根深蒂固的血脉相连,无论是文学艺术、教育科技、卫生体育、新闻出版还是宗教民俗信仰、乡村社区建设等,交流途径由暗到明,交流内容丰富多彩,形式多种多样,领域不断扩大。

最后是社会上,两岸从"老死不相往来",发展到民众直接全面接触往来。41 年来两岸交流互动是全方位的、空前的,为促进两岸关系和平发展奠定了良好基础,为解决历史遗留的两岸政治关系难题进行了有益的摸索与实践。

41年来一直贯穿在政策里面的就是反"台独"、反分裂,这是对台政策方针的一个基础原则,不妥协不退让的部分。从《告台湾同胞书》开始,41年来,大陆明确了"和平统一、一国两制"的对台方针。而在每一个历史阶段推出的具体对台政策,既有承接性,又不断与时俱进、推陈出新。

二、大陆出台一系列惠台措施

2018年以来,祖国大陆出台《关于促进两岸经济文化交流合作的若干措施》(简称"31条措施")、《港澳台居民居住证申领发放办法》(简称《办法》)和《关于进一步促进两岸经济文化交流合作的若干措施》(简称"26条措施")等一系列惠台措施,展示了大陆推动两岸经济社会融合发展的诚意与决心。

(一)"31条措施"的出台与落实

1."31条措施"的基本内容

"31条措施"第一部分是"积极促进在投资和经济合作领域加快给予台资企业与大陆企业同等待遇",包括了12项具体内容。具体政策包括四大类:

(1)鼓励参与性政策,主要有:台资企业参与"中国制造2025"行动计划,适用与大陆企业同等政策;鼓励台资企业参与"一带一路"建设;在中西部、东北地区设立海峡两岸产业合作区,鼓励台资向中西部、东北地区转移;大力推动台商投资区和两岸环保产业合作示范基地建设。

(2)台资企业税费优惠与贴补政策,特别是台资农业企业可与大陆农业企业同等享受农机购置补贴、产业化重点龙头企业等农业支持政策和优惠措施。

(3)新开放的同等待遇政策,主要有台资企业可牵头或参与国家重点研发计划项目、以特许经营方式参与基础设施建设、可公平参与政府采购、可参与国有企业混合所有制改革等及金融、征信等领域的开放与合作。

(4)超同等待遇政策,在确定土地出让底价时,可按不低于所在地土地等别相对应大陆工业用地出让最低价标准的70%执行。

另外,"31条措施"第二部分"逐步为台湾同胞在大陆学习、创业、就业、生活提供与大陆同胞同等的待遇"中有关单方面放宽两岸合拍电影、电视剧在主创人员比例、大陆元素、投资比例等方面的限制以及对进口台湾图书设立"绿色通道",也是对台开放措施,属于文化服务领域的开放措施。在这一政策措施的关键词之一是"积极促进",意味着是一个长期的、逐步推动过程,而不是立即、全面实现所谓的台资企业与大陆企业的同等待遇。

需要强调的是,"31条措施"第二部分标题是"逐步为台湾同胞在大陆学习、创业、就业、生活提供与大陆同胞同等的待遇"就已标明,这一政策的关键词是"逐步"提供,而不是一步到位,而且是有限定的,是对在大陆"学习、创业、就业、生活"的台湾同胞逐步提供同等的待遇,而不能简单地理解为对所有或各类台湾同胞实行同等待遇,在岛内生活未到大陆工作、生活的台湾同胞就无法享受同等待遇。

同时,"31条措施"中列出的内容中,相关开放或同等待遇措施有明确界定范围,如参与社团组织主要是经济、科技、文化、艺术类专业性社团,而不是所有的社团组织。特别是具体规定中大量使用了大量"鼓励""支持"与"可"等概念,就是说这些政策措施体现中央对台湾同胞的关心、关怀与关切,展现善意,但这些政策措施是开放性的,是鼓励性的,是支持性的,不是强制性的。

2. 如何进一步贯彻落实"31条措施"

为有效贯彻落实"31条措施",需要处理好五大关系。

(1) 要处理好中央对台"31条措施"与地方政府出台的相关政策措施的关系。

(2) 要处理好涉台主管部门与不同职能部门的工作协调合作关系。

(3) 要处理好台湾同胞"同等待遇"与大陆同胞、港澳同胞的"同等待遇"关系。

(4) 要处理好台湾同胞"同等待遇"与"同等责任义务"的关系。

(5) 要做好两岸政治对立与无法协商下台湾同胞在海峡两岸合法权益的平衡关系。

(二)实施《港澳台居民居住证申领发放办法》

2018年8月19日,国务院办公厅公布了《港澳台居民居住证申领发放办法》,并于9月1日正式实施。这是党中央、国务院便利港澳台居民在内地(大陆)学习、创业、就业和生活的重要文件。

《办法》对申领条件做了明确规定,指出,前往内地(大陆)居住半年以上,符合有合法稳定就业、合法稳定住所、连续就读条件之一的港澳台居民,根据本人的意愿,可以持有效的港澳居民来往内地通行证或者五年期台湾居民来往大陆的通行证,到当地公安机关申请办理港澳台居民居住证。

坚定不移为两岸同胞谋福祉,积极响应常住大陆台湾同胞的要求,为台湾同胞在大陆工作、学习、生活排忧解难,解决台湾同胞在大陆遇到的实际困难和问题,是大陆开展对台工作、发展两岸关系的一项重要工作任务。这也是出台制发台湾居民居住证这项措施的首要考虑。

两岸同胞是血脉相连的一家人,没有任何理由不携手发展、融合发展,共享发展的机会与成果。习近平总书记倡导"两岸一家亲"理念,中国共产党十九大报告中明确提出要逐步为台湾同胞在大陆学习、创业、就业、生活提供与大陆同胞同等待遇,率先与台湾同胞共享大陆发展的机遇。出台制发台湾居民居住证这项政策,是大陆实践为人民服务的根本宗旨,贯彻以人民为中心的发展思想,落实十九大精神的重要举措。

最后,需要指出的是,制发台湾居民居住证,也是当前便利台胞、推进落实"同等待遇"的一个适宜举措。

(三)惠台"26条措施"

2019年11月4日,国务院台办、国家发展改革委经商中央组织部等有关部门,出台《关于进一步促进两岸经济文化交流合作的若干措施》,自公布之日起施行。

"26条措施"同"31条措施"一样是深化两岸融合发展理念思路下的具体措施,是两岸融合发展理念和政策的进一步落地。

"26条措施"有许多新的亮点,具体表现在:①优先让台胞分享大陆发展的机遇。在"26条措施"中,大陆把富有市场发展潜力、商机庞大的产业领域优先推出来让台商参与,如5G领域。②切实让台湾民众增加获得感。"26条措施"中的很多条都照顾到了台胞台企的实际需求,解决台胞台企面临的现实问题,切实反映了"中国人帮中国人"。③台胞台企在大陆的同等待遇范围明显扩大,机遇更多,保障更充分。

"26条措施"在当前形势下推出,表明大陆的政策立场,就是两岸关系的融合发展不会因岛内政局变化而受阻隔、被逆转、被迟滞。无论岛内政治格局如何变化,大陆始终能够在两岸关系中发挥主导和引领的作用,发展的主导地位,特别是在两岸融合发展、同等待遇政策落实和推进两岸和平统一的进程方面。未来大陆还会继续推出更多类似的惠台措施,以深化两岸融合发展、贯彻和落实"两岸一家亲"理念。

三、两岸关系面临挑战与困难

2019年以来两岸关系进入一个更加复杂严峻的阶段。一方面,大陆综合实力对台湾的影响力和塑造力日益增强,岛内主流民意愈益期盼两岸和平合作;另一方面,民进党当局拒不承认"九二共识",导致两岸联系沟通机制停摆,未来两岸关系面临诸多挑战与困难。

(一)蔡英文当局对两岸关系发展的阻力巨大

蔡英文上台、民进党执政后,为了稳住政权,谋求连任,在两岸关系上打着"维持现状"的幌子,在台湾岛内一步一步推动"去中国化"。而"去中国化"实质上是慢慢地促使"中华民国台湾化",是一种渐进式的"台独"。拒不承认"九二共识",也不承认"两岸一中"的核心内涵,使得马英九执政时期营造的两岸关系60年来的"最佳时期"不复存在,两岸关系的政治基础荡然无存。

(二)美打"台湾牌"对两岸关系的破坏力不容低估

美国发动对华贸易摩擦和大打"台湾牌"使得改善两岸关系难上加难。特朗普政府上台后,大肆渲染"中国威胁论",宣称中国对西方模式产生巨大冲击,在政府的多份战略文件中均将中国列为"头号敌人",视为美国的长期首要战略竞争对手。为此,对华推行强硬遏制战略,在发动对华贸易战、科技战的同时,明显加大打"台湾牌"力度,在国会接连通过严重干涉台湾问题的相关法律,公然挑战一个中国底线,借加强、提升与台湾的关系、加强对台各方面的支持,拉拢台湾,加大对中国打压力度。

(三)深绿势力对两岸关系的干预力道不小

台湾的深绿势力"台独"主张强烈、激进。应该说,蔡英文上台、民进党重新执政后,不仅掌握了台湾的行政、立法大权,而且控制了台湾的军队和情治部门,把握了台湾的主流媒体和教育机构,不断推动"去中国化"的举措。现在两岸之间不仅官方半官方的联系中断,而且民间交流也受到限制,连中华文化在台湾也遭到排斥。现在两岸关系实际上处于一种"冷对抗"的局面,两岸之间在渐行渐远。实质是分裂和反分裂的斗争,尽管大陆方面先后推出31条、26条惠台措施,一再表达诚意和善意,但无法改变台湾当局"抗中保台"、仇视大陆的两岸政策,也不能阻挡两岸政治上分离的趋势。"抗中保台"实际上是拒统的代名词,是搞"台独"的遮羞布。

四、新时代两岸关系发展方向

解决台湾问题、实现祖国完全统一是全民族的共同愿望，是中国共产党和中国政府的历史责任和神圣使命。党的十九大以来，在习近平总书记关于对台工作的重要论述引领下，两岸经贸关系稳中有进，两岸民间交流日趋热络，两岸青年交流逐步往纵深方向发展。

两岸关系的发展，既为两岸关系和平发展注入了强大动力，也为祖国和平统一奠定了坚实基础。

（一）坚持一个中国原则底线

党的十八大以来，习近平总书记反复强调一个中国原则的关键地位。在十九大报告中，习近平总书记再次强调："一个中国原则是两岸关系的政治基础。体现一个中国原则的'九二共识'明确界定了两岸关系的根本性质，是确保两岸关系和平发展的关键。承认'九二共识'的历史事实，认同两岸同属一个中国，两岸双方就能开展对话，协商解决两岸同胞关心的问题，台湾任何政党和团体同大陆交往也不会存在障碍。"再度宣示了两岸关系和平发展的政治底线，并对两岸关系的性质和基础做出了明确的界定。只有承认"一个中国"，两岸才能建立起实现和平发展所必需的互信基础和政治环境，两岸的政治、经济、社会等领域的交流才能顺利推进。

台湾民进党当局由于意识形态作祟，始终拒不接受"九二共识"及其核心意涵——一个中国原则，导致两岸关系和平发展被蒙上沉重阴影，两岸官方交流也全面停摆。在大是大非原则性问题上，中国大陆不会有任何妥协和让步，这也向台湾当局发出了明确的警示信息：即台当局未来要想顺应岛内主流民意妥善处理好两岸关系，重新恢复两岸官方交流，唯一的化解之道就是早日接受"九二共识"，舍此别无他途。中国大陆在坚守底线的基础上，还不断强化同岛内所有坚持"九二共识"、反对"台独"的政党、团体和社会各界人士的交流互动，这也进一步在两岸之间凝聚和扩大了反对"台独"、维护两岸关系和平发展的共识。

（二）遏制"台独"分裂行径

长期以来，"台独"分裂势力一直是台海地区和平与稳定的最大威胁，给两岸关系和平发展带来了重大变数。特别是民进党重新在岛内执政以来，始终拒不接受"九二共识"，拒不放弃"台独党纲"，反而通过"文化台独""教育台独""社会台独"等方式加速布局"去中国化"进程，限制和阻挠两岸各项正常交流，妄图削弱甚至切断两岸之间的历史文化连接，让台湾同胞"只知有台湾而不知有中国"。

面对近年来"台独"分裂势力的蠢蠢欲动，中国大陆积极防患于未然，并在关键时刻果断出击，给"台独"分子以有效震慑。中国人民解放军相继举行了多轮军事演习，果断出动战机连续"绕岛巡航"。中国大陆一系列行动，有效挫败了多项"台独"分裂图谋，强烈震慑了"台独"分裂势力的嚣张气焰。与此同时，中国大陆还采取多项措施坚决反对外部势力在台海兴风作浪，防止岛内外各项势力与外部介入因素勾连、沆瀣一气，坚定维护了国家主权和领土完整。

（三）深化两岸经济社会融合

两岸血脉相连、水乳交融，虽然历经风雨坎坷，但两岸民众的命运始终紧密关联，息息相关。习近平总书记指出，"大陆和台湾是休戚与共的命运共同体""我们将持续推进两岸各领域交流合作，深化两岸经济社会融合发展，增进同胞亲情和福祉，拉近同胞心灵距离，增强对命运共同体的认知"。党的十九大报告中也强调："我们愿意率先同台湾同胞分享大陆发展的机遇，逐步为台湾同胞在大陆学习、创业、就业、生活提供与大陆同胞同等的待遇。"

"肯取势者可为人先，能谋势者必有所成。"在十九大报告精神指引下，中国大陆相继出台多项惠台政策。"31条措施"等一些惠台措施的出台与实施，受到了广大台企台胞的热烈欢迎，既有利于协助台资企业降低生产经营成本，加快转型升级，"台商搭电商"，拓展内需市场，获得更多商机，也有利于为台湾同胞在大陆学习、创业、就业、生活提供更多便利条件，搭建更宽广舞台，并推动两岸同胞共同弘扬中华文化，促进心灵契合。

在"一带一路"建设方面，中国大陆也为广大台企提供了前所未有的机遇。一些台资企业利用中欧班列这一稳定高效的物流新渠道将产品运往欧洲，瞬间打开了更大的市场。一些台资企业与大陆企业联手，共同参与"一带一路"沿线国家基础设施建设。

（四）全面落实"两岸一家亲"理念

习近平总书记指出，"两岸同胞是一家人，有着共同的血脉、共同的文化、共同的连结、共同的愿景"，"台湾同胞因自己的历史遭遇和社会环境，有着自己特定的心态，包括特殊的历史悲情心结，有着强烈的当家做主'出头天'的意识，珍视台湾现行的社会制度和生活方式，希望过上安宁幸福的生活。将心比心，推己及人，我们完全理解台湾同胞的心情"。在十九大报告中，习近平总书记再次强调，"两岸同胞是命运与共的骨肉兄弟，是血浓于水的一家人。我们秉持'两岸一家亲'理念，尊重台湾现有的社会制度和台湾同胞生活方式，愿意率先同台湾同胞分享大陆发展的机遇。"习近平总书记提出的"两岸一家亲"理念，兼具情理法多种意涵，深刻体现了以人民为中心的发展思想。

为了将"两岸一家亲"理念落至实处，中国大陆换位思考，想台湾同胞之所想，急台湾同胞之所急。为了给在陆台胞提供更为便利快捷的生活工作环境，中国大陆在前期充分调研的基础上，适时推出发放台湾居民居住证。

（五）建设两岸命运共同体

历史反复证明，民族强盛是两岸同胞共同之福，民族弱乱是两岸同胞共同之祸。实现中华民族伟大复兴是近代以来中华民族的伟大梦想，在迈向民族复兴的道路上，台湾同胞不应该缺席，也一定不会缺席。习近平总书记在党的十九大报告中专门强调，"实现中华民族伟大复兴，是全体中国人共同的梦想"，并呼吁包括港澳台同胞在内的全体中华儿女"顺应历史大势、共担民族大义，把民族命运牢牢掌握在自己手中""共创中华民族伟大复兴的美好未来！"

青年昭示着民族的希望，代表着国家的未来，承担着民族复兴的历史重任。中国大陆高度重视两岸青年交流工作，不断创造条件为台湾青年在大陆学习、就业、创业等搭建更为宽广的舞台。

习近平总书记指出："从根本上说，决定两岸关系走向的关键因素是祖国大陆发展进步。"这是在总结历史规律和两岸关系发展经验基础上做出的科学论断。"不畏浮云遮望眼，只缘身在最高层。"相信随着中国大陆综合实力的不断提升，台湾同胞对于大陆的向心力也将与日俱增，两岸将以强大的民意基础作为支撑，共同把握大势，持续增进融合，不断推动两岸关系克难前行，携手谱写振兴中华民族伟大复兴的美好篇章。

拓展阅读

坚持"一国两制"，推进祖国统一

香港、澳门回归祖国以来，"一国两制"实践取得举世公认的成功。事实证明，"一国两制"是解决历史遗留的香港、澳门问题的最佳方案，也是香港、澳门回归后保持长期繁荣稳定的最佳制度。

保持香港、澳门长期繁荣稳定，必须全面准确贯彻"一国两制""港人治港""澳人治澳"、高度自治的方针，严格依照宪法和基本法办事，完善与基本法实施相关的制度和机制。要支持特别行政区政府和行政长官依法施政、积极作为，团结带领香港、澳门各界人士齐心协力谋发展、促和谐，保障和改善民生，有序推进民主，维护社会稳定，履行维护国家主权、安全、发展利益的宪制责任。

香港、澳门发展同内地发展紧密相连。要支持香港、澳门融入国家发展大局，以粤港澳大湾区建设、粤港澳合作、泛珠三角区域合作等为重点，全面推进内地同香港、澳门互利合作，制定完善便利香港、澳门居民在内地发展的政策措施。

我们坚持爱国者为主体的"港人治港""澳人治澳"，发展壮大爱国爱港爱澳力量，增强香港、澳门同胞的国家意识和爱国精神，让香港、澳门同胞同祖国人民共担民族复兴的历史责任、共享祖国繁荣富强的伟大荣光。

解决台湾问题、实现祖国完全统一，是全体中华儿女共同愿望，是中华民族根本利益所在。必须继续坚持"和平统一、一国两制"方针，推动两岸关系和平发展，推进祖国和平统一进程。

一个中国原则是两岸关系的政治基础。体现一个中国原则的"九二共识"明确界定了两岸关系的根本性质，是确保两岸关系和平发展的关键。承认"九二共识"的历史事实，认同两岸同属一个中国，两岸双方就能开展对话，协商解决两岸同胞关心的问题，台湾任何政党和团体同大陆交往也不会存在障碍。

两岸同胞是命运与共的骨肉兄弟，是血浓于水的一家人。我们秉持"两岸一家亲"理念，尊重台湾现有的社会制度和台湾同胞生活方式，愿意率先同台湾同胞分享大陆发展的机遇。我们将扩大两岸经济文化交流合作，实现互利互惠，逐步为台湾同胞在大陆学习、创业、就业、生活提供与大陆同胞同等的待遇，增进台湾同胞福祉。我们将推动两岸同胞共同弘扬中华文化，促进心灵契合。

我们坚决维护国家主权和领土完整，绝不容忍国家分裂的历史悲剧重演。一切分裂祖国的活动都必将遭到全体中国人坚决反对。我们有坚定的意志、充分的信心、足够的能力挫败任何形式的"台独"分裂图谋。我们绝不允许任何人、任何组织、任何政党、在任何时候、以任何形式、把任何一块中国领土从中国分裂出去！

> 同志们！实现中华民族伟大复兴，是全体中国人共同的梦想。我们坚信，只要包括港澳台同胞在内的全体中华儿女顺应历史大势、共担民族大义，把民族命运牢牢掌握在自己手中，就一定能够共创中华民族伟大复兴的美好未来！
>
> （摘自中国共产党第十九次代表大会《决胜全面建成小康社会，夺取新时代中国特色社会主义伟大胜利》的报告第十一部分）

 思考题

1. 习近平总书记关于新时代发展两岸关系的思想有哪些？
2. 新时代两岸关系发展现状及展望。

 参考文献

[1] 钟厚涛. 以融合发展全面落实"两岸一家亲"理念[EB/OL]. （2018-04-02）[2018-04-02]. http://www.taiwan.cn/plzhx/zhjzhl/zhjlw/201804/t20180402_11939296.htm.

[2] 张志军. 党的十九大报告为新时期对台工作指明了方向[R/OL]. （2017-10-18）[2018-04-02]. http://www.xinhuanet.com//tw/2017-10/18/c_129722604.htm.

[3] 杨毅周. 习近平"两岸一家亲"理念的重要意义[EB/OL]. （2017-11-24）[2018-04-02]. http://www.taiwan.cn/plzhx/zhjzhl/zhjlw/201711/t20171124_11870653.htm.

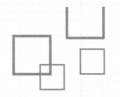

专题七

推进生态文明 建设"美丽中国"

十九大报告提出,从二〇三五年到二十一世纪中叶,在基本实现现代化的基础上,再奋斗十五年,把我国建成富强、民主、文明、和谐、美丽的社会主义现代化强国。

未来的美丽中国,将呈现一幅天蓝、地绿、水清的动人画卷。

"坚持人与自然和谐共生""必须树立和践行绿水青山就是金山银山的理念""统筹山水林田湖草系统治理,实行最严格的生态环境保护制度""形成绿色发展方式和生活方式"……蓝图已绘就,激情正满怀。

一、"美丽中国"的内涵和特征

建设"美丽中国"是十八大提出的生态文明建设新目标、新概念。"美丽"一词是非常口语化、大众化、通俗化的用语,它代表了人们的美好愿望。"美丽中国"的基本含义就是:努力建设在生态文明基础上的社会主义中国,这样的中国是人人保护环境、人与自然和谐美好的中国。这个"美丽中国"是中国的天、地、人,自然、社会与人的身心之间达到均衡协调的一种社会状态。"美丽中国"绝不仅限于自然环境的美丽,这是中国经济发展从"快"到"好"、从"好"到"美"的重大转折,是从非均衡增长向均衡发展转变的重要宣示。由此来看,建设"美丽中国"的新要求,其经济与社会意义是积极而广泛的。

(一)"美丽中国"的深刻内涵

(1)"美丽中国"首重生态文明的自然之美。美好的环境能让人民生活舒畅,在此基础上国家繁荣才有意义,国家才会更美丽。十八大报告指出,"调整空间结构,促进生产空间集约高效、生活空间宜居适度、生态空间山清水秀,给自然留下更多修复空间,给农业留下更多良田,给子孙后代留下天蓝、地绿、水净的美好家园。"经济建设、政治建设关乎百姓的生存,具有战略地位;生态保护更是涉及 14 亿人民的生存根基,涉及民族的千秋大业,保护地球、节约资源、低碳发展是人民得以持续生存的基础。

(2)"美丽中国"体现科学发展的和谐之美。科学发展观是建设"美丽中国"的理论指导和保障,实现可持续发展、建设和谐社会的目标,归根结底是人与自然和谐地发展。提倡"美丽中国"是落实科学发展观的一种方式,可以说,"美丽中国"的提法既给我们指出了科学发展的具体方式,又给我们展现了经济社会发展的美好愿景。十六大以来,"绿色发展"的理念逐渐进入党的执政视野,绿色发展坚持以人为本,把社会公平、社会发展、社会分配、利益均衡等作为基本内容,把"经济效率与社会公平取得合理的平衡"作为绿色发展的重要指标和基本手段。一个国家或地区的"分配制度""共同富裕"程度及其对于贫富差异和城乡差异的克服程度，是构成该国家或地区绿色发展的公平表征。"绿色发展"已经在中国生根发芽——从巴厘岛到哥本哈根、德班，历届气候大会上，中国带头许下并切实履行"绿色发展"的庄严承诺；从"十一五"首次设立约束性指标，到清理整顿钢铁等高耗能行业，从实施京津风沙源治理等系列生态工程到出台节能减排计划，从单位国内生产总值能耗下降12.9%到生态补偿机制稳步推进，中国正逐渐告别"黑色发展"，走上"前人种树、后人乘凉"的绿色发展之路。我们有理由相信，在"美丽中国"理念的指导下，我们一定能实现"给自然留下更多修复空间，给农业留下更多良田，给子孙后代留下天蓝、地绿、水净的美好家园"的美好愿景。

（3）"美丽中国"展现温暖感人的人文之美。"美丽中国"让党代会报告一改以往工作报告用词严谨、中性，缺乏感情色彩的传统风格，运用如此柔软、悦耳、富有诗意的词汇，使工作报告充满亲切感，更加贴近基层、贴近普通群众，迅速拉近了党代会与民众之间的距离，透露出民生温度和民意期许。

（4）"美丽中国"体现执政之美。生态文明建设的重要内容，也是科学发展观的题中应有之义："要全面落实科学发展观和正确政绩观，坚持环境保护基本国策，大力推动循环经济发展，积极倡导生态文明，构建资源节约型和环境友好型社会。"近几年，"民生"已成为各级党组织和政府的"高频词"。我们切身感受到了党中央对人民群众日常生活的关心和对改善民生问题的密切关注。"美丽中国"，美在山川，美在文化，美在历史，更美在人文。

（5）"美丽中国"体现发展之美。发展才是硬道理，中国特色社会主义建设从本质上就是要更好、更科学地发展。从新中国成立初期万丈豪情的"人定胜天"，到"必须树立尊重自然、顺应自然、保护自然的生态文明理念"，再到可感、可知、可评价的"美丽中国"，说明我们党的执政理念越来越尊重自然，越来越尊重人民感受。改革发展让我们摆脱贫困，国富民强但环境质量很差不是美丽的中国。中华文化最强调天、地、人的和谐相处，既要金山银山，也要绿水青山——这是百姓对"美丽中国"最直观的解读。

（二）建设"美丽中国"的思想理念

建立在生态文明基础上的"美丽中国"，是尊重自然、顺应自然、保护自然的文明中国，因此建设"美丽中国"的重要思想基础是树立尊重自然、顺应自然、保护自然的生态文明理念。只有基于这样的新的价值取向和生态伦理理念，才能实现人与自然和谐相处，实现人的全面发展，实现人与自然和谐的现代化。

党的十八大报告提出的"美丽中国"概念是新的，其理念是中国共产党执政思想的顺延。生态文明建设是对坚持和发展中国特色社会主义的重大理论创新。推进生态文明建设是与我们党一贯倡导和追求的理念一脉相承的，是我们党对自然规律及人与自然关系再认识的重要成果，是科学发展观的重要内涵，是对坚持和发展中国特色社会主义的重大理论创新。

十五大报告明确提出实施可持续发展战略；十六大以来，中央相继提出走新型工业化发展道路，发展低碳经济、循环经济，建立资源节约型、环境友好型社会，建设创新型国家，建设生态文明等新的发展理念和战略举措；十七大报告进一步明确提出了建设生态文明的新要求,并将到2020年成为生态环境良好的国家作为全面建成小康社会的重要目标之一。十八大报告再次论及"生态文明",这是党代会报告第一次提出"推进绿色发展、循环发展、低碳发展"等,把生态文明建设摆在总体布局的高度来论述,表明我们党对中国特色社会主义总体布局的认识深化了,也彰显了中华民族对子孙、对世界负责的精神。十九大报告提出了,到21世纪中叶,把我国建成富强、民主、文明、和谐、美丽的社会主义现代化强国,在社会主义现代化强国的目标中加上"美丽"两字,提出建设生态文明是中华民族永续发展的千年大计。我们要建设的现代化是人与自然和谐共生的现代化,建设美丽中国,为人民创造良好生产生活环境,为全球生态安全做出贡献。

从概念变迁中,我们能明显感觉到,发展的理念一以贯之,但具体目标更加明确,战略地位越来越高。将生态文明建设融入经济建设、政治建设、文化建设、社会建设各方面和全过程,清晰地表明生态文明建设不仅是单纯的生态保护、环境改善,而且是一种发展理念的革新,影响着发展思路的转变。

提出建设生态文明的重要思想,说到底就是坚持以人为本,就是为了提高人民的生活质量,满足人民日益增长的对良好生态环境、优质生态产品的需求。用清华大学教授胡鞍钢的话来说:"生态文明其实就是把可持续发展提升到绿色发展高度,为后人'乘凉'而'种树'。"

中国特色社会主义事业总体布局由经济建设、政治建设、文化建设、社会建设"四位一体"拓展为包括生态文明建设的"五位一体",这是总揽国内外大局、贯彻落实科学发展观的一个新部署。建设生态文明,是关系人民福祉、关乎民族未来的长远大计。

(三)建设"美丽中国"的实质

建设"美丽中国"的实质,就是把生态文明建设放在突出地位,融入经济建设、政治建设、文化建设、社会建设各方面和全过程,是将社会主义建设推进到更完善、更完美的境界,也是对我国现代化建设提出的更新、更高要求。当前之所以要把生态文明建设放在突出地位,一个重要原因是只有推进生态文明建设,才能保持经济持续健康发展。一方面,我国经济发展面临的资源环境制约越来越凸显,石油、铁矿石等重要资源对外依存度快速上升;另一方面,环境污染严重,环境状况总体恶化趋势没有从根本上得到遏制,生态系统退化,由此带来自然灾害频发。此外要意识到,资源环境问题的出现,背后有体制政策、发展方式等方面的原因,也有思想认识、自然观方面的原因,如生态文明的理念没有树立、生态不文明的做法普遍存在、自然的价值还不被承认等。要从源头上、根本上跨过资源环境这道坎,不仅要加快转变经济发展方式,还必须大力推进生态文明建设。

从历史上看,人类社会经历了原始文明、农业文明、工业文明等文明形态。原始文明的特点是淳朴但具有盲目性,对自然构不成伤害。农业文明勤勉但具有依赖性,靠天吃饭,随遇而安。农业文明会对自然造成伤害,但并非不可修复。工业文明的特点是进取但具有掠夺性。工业文明对自然带来的损害、破坏,具有较强的毁灭性,很难修复,倡导以预防为主的生态文明势在必行,但是工业文明发展中积累的问题也会严重制约生态文明的发展。

"给自然留下更多修复空间,给农业留下更多良田,给子孙后代留下天蓝、地绿、水净的美好家园。"十八大报告中少见的这种动情的叙述方式着实令人动容,也体现了对待自然的基本态度。生态文明要求在人与自然的关系上,强调尊重自然、顺应自然、保护自然,最终达到人与自然的共生。建设"美丽中国",是社会主义的基本特征,是社会主义现代化建设的目标之一。中国搞好生态文明建设,也是对地球生态安全的巨大贡献。

改造自然、战胜自然曾经是家喻户晓的口号,然而发展中日益显现的问题使我们明白了"人定胜天"只是一句豪迈的口号,要生存,必须保护自然。我们强调,不仅要保护自然,还要尊重自然,我们更急切地希望修复遭到破坏的自然。过去,我们对自然占用得太多、破坏得太重,而现在,我们需要给自然以修复、疗伤的机会。党的十八大报告提出,必须树立尊重自然、顺应自然、保护自然的生态文明理念,而且要坚持节约优先、保护优先、自然恢复为主的方针。

怎样才算是以自然恢复为主?首先就是要尊重自然界的各种规律。生态修复并不是强调建设。生态修复必须顺其自然,尽可能恢复原有生态面貌和功能。修复成功与否,取决于是不是真正停止或最大限度地减少了人为干扰,而不是搞了多少所谓的建设。

总之,党的十八大报告首次强调建设"美丽中国",并把生态文明建设放在了突出地位,尤其强调了在经济建设、政治建设、文化建设、社会建设中生态文明的融入。"美丽中国",是环境之美、时代之美、生活之美、社会之美、百姓之美的总和。生态文明与"美丽中国"紧密相连,建设"美丽中国",核心就是要按照生态文明要求,通过生态、经济、政治、文化及社会建设,实现生态良好、经济繁荣、政治和谐、人民幸福。

二、建设"美丽中国"存在的问题

在 2018 年全国生态环境保护大会上,对于当前环境形势,习近平总书记指出,总体上看,我国生态环境质量持续好转,出现了稳中向好趋势,但成效并不稳固。生态文明建设正处于压力叠加、负重前行的关键期,已进入提供更多优质生态产品以满足人民日益增长的优美生态环境需要的攻坚期,也到了有条件、有能力解决生态环境突出问题的窗口期。

习近平总书记的重要论断,深刻指出了我国生态文明建设的严峻性、必要性和可行性,强调加强生态环境保护既是弥补生态短板的必然选择,也是遵循经济发展规律的内在要求。我国经济已由高速增长阶段转向高质量发展阶段,需要跨越一些常规性和非常规性关口。

(一)生态文明建设处于压力叠加、负重前行的关键期

党的十八大以来,以习近平同志为核心的党中央,把生态文明建设摆在改革发展和现代化建设的全局位置,加快推进生态文明顶层设计和制度体系建设,深入实施大气、水、土壤污染防治行动计划,开展一系列重大生态修复工程,积极应对气候变化,开创了生态文明建设新局面。总体上,生态环境质量持续好转,稳中向好。但由于我国正处在工业化、信息化、城镇化、农业现代化快速推进时期,发达国家一两百年出现的环境问题,在我国30 多年来的快速发展中集中显现,老的环境问题尚未解决,新的环境问题接踵而至,环境保护成效并不稳固。生态文明建设正处于压力叠加、负重前行的关键期。

(1)新老环境问题交织,生态系统稳定性较差。2019 年污染防治攻坚战取得关键进展,全国主要污染物排放量持续减少,未达标城市细颗粒物(PM2.5)浓度继续下降,生态环境

持续好转，出现了稳中向好趋势，但成效并不稳固。生态文明建设正处于压力叠加、负重前行的关键期，已进入提供更多优质生态产品以满足人民日益增长的优美生态环境需要的攻坚期，也到了有条件、有能力解决生态环境突出问题的窗口期。

从大气污染治理来看，在能源结构尚未实现较大改善的情况下，化石能源消耗所排放的温室气体和污染气体仍将威胁大气安全。

从水体污染治理来看，城市雨污分流尚未完全到位，海绵城市和地下综合管廊建设刚刚开始，城市污水处理和循环利用仍未妥善解决。

与此关联，我国农村土壤污染也较为严重，直接影响到食品安全。同时，荒漠化、石漠化和水土流失治理任务也仍然艰巨，森林、草原、河流、湖泊、湿地、耕地等生态系统亟待修复和休养生息。

要实现环境质量根本好转，二氧化硫、氮氧化物等总量至少要下降到百万吨级水平。对于我国而言，参照目前每个 5 年规划期削减 10%的减排速度，实现二氧化硫和氮氧化物削减 50%，大致还需要 20 年的时间。我国生态文明建设所肩负的任务之艰巨和繁重可谓世所罕见。

（2）高消耗、高污染、高排放的发展方式没有彻底扭转，应对气候变化任务艰巨。我国资源能源人均占有量少且利用效率较低，人均耕地、林地、湿地面积和淡水资源分别约相当于世界平均水平的 47%、25%、20%和 28%，森林覆盖率 21.6%低于全球 31%的平均水平，整体上"缺林少绿"。2018 年中国煤炭消费占比首次低于 60%，但仍高于全球平均水平的 28.3%，源自化石能源消费的碳排放比 2017 年增加 3.5%，是 2012 年以来的最快速增长，是全球能源消费增量的 1/3。而工业化和城镇化的持续推进使得能源资源需求呈刚性增长，给减排带来巨大压力。虽然我国在"国家自主贡献"中提出 2030 年左右碳排放达峰的承诺，但地方尚未形成明确的减排路线图，减排与发展双赢之路仍在探索之中。

我国仍处于并将长期处于社会主义初级阶段，发展是解决我国一切问题的基础和关键。面对经济发展进入新常态，经济增速放缓、资源环境承载力紧逼上线、依靠数量拉动的增长模式难以为继，我们需要突破常规性和非常规性关口，创新生态治理手段，转变发展方式，努力实现高质量发展与高水平保护。

（二）进入提供更多优质生态产品满足优美生态环境需要的攻坚期

改革开放 40 多年来，我国经济社会发展取得了举世瞩目的成就。与此同时，经济建设与生态环境之间的矛盾日益突出，资源紧缺、环境污染、生态失衡等一系列民生之患、民心之痛，成为全面建成小康社会的明显短板。人民对于"青山绿水"的需求已成为重要的民生问题，我国生态文明建设进入提供更多优质生态产品以满足人民日益增长的优美生态环境需要的攻坚期。

（1）生态环境遗留问题解决难度加大，必须集中攻坚。党的十八大以来，我们坚决向污染宣战，深入实施大气、水、土壤污染防治"三大行动计划"。

2019 年、全国 337 个地级及以上城市可吸入颗粒物（PM10）平均浓度为 63 微克/立方米、同比下降 1.6%；全国地表水优良（Ⅰ～Ⅲ类）水质断面比例由 2015 年的 66%增至 74.9%。我国环境质量改善速度超过发达国家历史同期，但也进入边际效应递减阶段。

重点地区重污染天气频发，劣Ⅴ类水体治理成本显著提高，城市黑臭水体治理难度不断加大。任务越艰巨，我们越要下定决心集中攻坚，把环境污染治理好、把生态环境建设好，为人民群众创造良好的生产生活环境。

（2）优质生态产品供给不足，必须集中攻坚。在 30 多年持续快速发展中，我国的生产能力迅速扩大，但提供优质生态产品的能力却在减弱。黄河、松花江、淮河、海河和辽河等主要流域存在不同程度的污染；生态环境质量"较差"和"差"的县域面积占国土面积的 33.5%。自然灾害频发，影响范围广，局部损失严重；以雾霾、臭氧污染、黑臭水体、垃圾围城等为代表的新环境问题时有发生。提高环境质量是广大人民群众的热切期盼，我们必须坚决打好补齐全面小康环境短板攻坚战，扩大优质生态产品供给，让天更蓝、水更绿、环境更优美。

（三）到了有条件、有能力解决生态环境突出问题的窗口期

我国生态文明建设已到了有条件、有能力解决生态环境突出问题的窗口期。改革开放以来，2010 年我国经济总量跃升至世界第二大国，2019 年 GDP 近 100 万亿元，一般公共预算收入超过 19 万亿元，大刀阔斧的生态环境保护行动和绿色发展举措，积累了一批专业人才队伍和丰富经验，我们有能力、有底气支撑生态治理的持续推进。

（1）生态环境状况明显得到改善。蓝天保卫战成效显著，"大气十条"各项任务顺利完成。全国地表水优良水质断面比例不断提升，劣Ⅴ类水体比例下降到 3.4%，36 个重点城市建成区的黑臭水体已基本消除。全面开展土壤污染状况详查，完成基本农田划定工作，截至 2018 年年底，城市生活垃圾无害化处理率达 98.2%。

（2）生态保护和修复工程进展顺利。天然林资源保护、退耕还林还草、退牧还草、防护林体系建设、河湖与湿地保护修复、防沙治沙、水土保持、石漠化治理、野生动植物保护及自然保护区建设等一批重大生态保护与修复工程稳步实施。截至 2019 年年底，全国共建立以国家公园为主体的各级各类保护地逾 1.18 万个保护面积占全国陆域国土面积的 18%、管辖海域面积的 4.1%。荒漠化和沙化状况连续三个监测周期实现面积"双缩减"。

（3）去产能调结构稳步推进，能源资源消耗强度大幅下降。

加强散煤治理，基本完成地级及以上城市建成区燃煤小锅炉淘汰，71% 的煤电机组实现超低排放。提高燃油品质，黄标车淘汰基本完成。2019 年清洁能源消费占比提升至 23.4%，万元国内生产总值能耗比 2018 年下降 2.6%，水电装机容量、核电在建规模、太阳能集热面积和风电装机容量均居世界第一位。

（4）生态文明"四梁八柱"制度逐步筑牢。中共中央、国务院出台《关于加快推进生态文明建设的意见》《生态文明体制改革总体方案》，国家发改委等联合出台《绿色发展指标体系》《生态文明建设考核目标体系》，为生态文明建设确立了基本框架。《环境保护法》《大气污染防治法》《环境空气质量标准》等完成制修订，河长制、湖长制、湾长制相继推出，生态环境评价和考核制度不断完善，国家公园体制试点、低碳城市试点、海绵城市试点等各类试点工作的开展如火如荼，与生态文明建设顶层设计互为补充。

（5）碳排放强度持续下降，引导应对气候变化国际合作。"十三五"期间碳强度下降率被纳入国民经济和社会发展统计公报，成为经济发展的硬性约束。

2017 年我国的碳排放强度相比 2005 年下降了 46%，超额完成了巴黎气候大会上提出的到 2020 年下降 40%~45% 的目标。积极实施应对气候变化国家战略，发布《国家应对

气候变化规划（2014—2020年）》《中国落实2030年可持续发展议程国别方案》等，在美国退出《巴黎协定》后坚定表态中方将继续履行减排承诺，以坚定的减排决心和瞩目的减排成效逐步走向全球气候治理舞台中央。

生态文明建设新阶段是更高的环境保护要求与经济社会艰难协调发展的攻坚期，更是我国新动能发展壮大阶段和质量型社会建设的时期，必须把握转型机遇，坚定信心，着力在转变发展方式上下功夫、在调整经济结构上找出路、在促进绿色消费上做文章，让人民享有更多的生态红利。

三、建设生态文明，装点"美丽中国"

建设生态文明，是关系人民福祉、关乎民族未来的长远大计。

（一）生态文明建设的基本内容

生态文明建设的基本内容，即：为了实现人与自然及人类社会的和谐，缓解人口与资源环境之间的矛盾，改变人类社会发展所带来的资源枯竭、环境污染破坏、生态失衡等状态，采取符合生态规律的系列办法和措施。

党的十九大之前，生态文明建设的基本内容主要归为以下四个方面：

（1）树立生态伦理。在人与人的关系、人与社会的关系、人与生物的关系、人与自然的关系中，树立正确的生态伦理观。现在提出的生态优先观、环境保护观、可持续发展观等，都是我们的生态伦理观。

（2）营造生态文化。在发展生态科学、推进生态教育、加强生态保护意识、构建生态制度中，规范生态道德、普及生态知识、推广绿色消费……以此营造生态文化。

（3）调控生态行为。要建设生态经济，构建生态社会，推广生态消费，就要从生态文明建设角度调控、纠正我们的行为，就要下功夫发展绿色产业，建设低碳社区、生态城市等。

（4）建设生态环境。要保护资源、环境和生态，就要大力开展资源循环利用，控制污染，修复生态系统。

以上四个方面是生态文明建设的核心内容，而支撑这四大核心内容的是两项重要工作：①生态政治建设，就是我们的政治理念、方针政策要符合生态文明建设的要求；②生态科技支撑，就是与生态文明建设相关的工作。生态修复、污染治理、绿色发展等都离不开生态科技强有力的支撑。

（二）党的十九大以来赋予生态文明更加丰富的内涵

党的十九大对生态文明建设赋予了更加丰富的内涵。从十九大报告中的表述来看，在生态系统层面，强调"坚持人与自然和谐共生""必须树立和践行绿水青山就是金山银山的理念"；在建设目标层面，强调"生态环境根本好转""把我国建成富强民主文明和谐美丽的社会主义现代化强国"；在社会制度层面，强调"坚持党的领导""坚持以人民为中心"，坚定不移"走中国特色社会主义道路"；在体制机制层面，强调"推进绿色发展""构建政府为主导、企业为主体、社会组织和公众共同参与的环境治理体系""实行最严格的生态环境保护制度"，建立环境管控长效机制；在措施任务层面，强调"像对待生命一样对待生态环境""坚持节约资源和保护环境的基本国策""形成绿色发展方式和生活方式";在理论体系层面,强调理论自信,完善中国特色社会主义理论体系,构建中国特色社会主义生态文明理论。

在国务院机构改革中,与生态文明相关的是组建了自然资源部和生态环境部。第一,将国土资源部、国家海洋局、国家测绘地理信息局的职责以及国家发展和改革委员会、住房和城乡建设部、水利部、农业部、国家林业局有关自然资源规划管理的职责整合,组建自然资源部,不再保留国土资源部、国家海洋局、国家测绘地理信息局。第二,将环境保护部的职责以及国家发展和改革委员会、国土资源部、水利部、农业部、国家海洋局、国务院南水北调工程建设委员会办公室有关生态环境保护、污染防治的职责整合,组建生态环境部,不再保留环境保护部。这样,就可以实施统一的污染防治、环境保护措施。由此可见,生态文明建设已经上升到前所未有的高度,各项工作均在向具体化推进。

生态文明建设进入了新时代,有了新内涵。在政府大力主导引领下,在企业和社会组织充分发挥主体作用,公民大众广泛参与中,以创新、协调、绿色、开放、共享的新发展理念为引领,以加快创新驱动发展、促进人与自然和谐共生、形成绿色发展方式、构建人类命运共同体、坚持共建共享增进人民福祉为抓手,推动整个人类社会的生态文明建设可持续。

(三)生态文明建设成效显著

党的十八大以来,以习近平同志为核心的党中央将生态文明建设作为统筹推进"五位一体"总体布局和协调推进"四个全面"战略布局的重要内容,开展了一系列根本性、长远性、开创性工作,我国生态文明建设成效显著。

(1)天更蓝了。自2013年实施《大气污染防治行动计划》以来,大气污染治理效果初步显现,环境空气质量形势总体向好。空气质量达标城市数和优良天数有所增加。2019年全国337个地级及以上城市,平均优良天数比例为82%;环境空气质量达标的城市占全部城市数的46.6%;京津冀及周边地区"2+26"城市平均优良天数比例为53.1%;长三角地区41个城市平均优良天数比例为76.5%;汾渭平原11个城市平均优良天数比例为61.7%。

(2)水更清了。2012年,国家出台《水污染防治行动计划》,切实加大水污染防治力度,保障国家水安全。要求强化源头控制,水陆统筹、河海兼顾,对江河湖海实施分流域、分区域、分阶段科学治理,系统推进水污染防治、水生态保护和水资源管理。地表水水质总体情况得到改善。Ⅰ类、Ⅱ类水占比大幅提高,Ⅴ类、劣Ⅴ类水占比也逐步下降。湖泊水质状况稳中向好。近岸海域水质总体向好。一类海水比例逐步增加,四类及劣四类比例不断减少。

(3)山更绿了。全国森林面积、森林覆盖率、活立木总蓄积、森林蓄积都有较大提高。2019年,全国完成造林面积706.7万公顷。改革开放40多年来,我国森林资源呈现出总量增加、质量提升、结构优化的变化趋势。

(4)人居环境持续向好。对城市人居环境的可持续发展评价指标体系的研究:依据以人为本、层次性、区域性、可操作性以及稳定性与动态性的原则,利用层次分析法,构建一个三层次的评价指标体系。其中一级指标包括聚居条件、聚居建设和可持续性三类。聚居条件包括人口、资源与人工构筑等,体现舒适的居住条件、适宜的人口密度和良好的资源配置等内容。聚居建设包括生态环境的建设和基础设施的建设，从侧面反映了城市的环境质量、生活、生产的方便程度和服务水平。可持续性包括社会秩序稳定、智力能力和经济能力三方面，反映了城市各项人类活动与社会、经济之间的相互关系、协调能力和发展潜力。

实施硬化、净化、绿化、美化、亮化为重点的乡村环境综合整治工作，带动乡村面貌焕然一新。以绿色发展的生动实践为世界贡献了"中国方案"。

四、2020 年全国生态环境保护工作会议

2020 年 1 月 12—13 日，生态环境部在京召开 2020 年全国生态环境保护工作会议，全面落实习近平生态文明思想和全国生态环境保护大会要求，总结 2019 年工作进展，分析当前生态环境保护面临的形势，安排部署 2020 年重点工作。生态环境部部长李干杰出席会议并讲话。他强调，要以习近平新时代中国特色社会主义思想为指导，坚定不移贯彻新发展理念，坚决打好打胜污染防治攻坚战，加快构建现代环境治理体系，以生态环境保护优异成绩决胜全面建成小康社会。

（一）深入贯彻落实习近平生态文明思想和党中央、国务院关于生态环境保护的决策部署

1．深入贯彻习近平生态文明思想，带头做到"两个维护"

坚决做到"两个维护"，是党的十八大以来我们党的重大政治成果和宝贵经验，是我们党最重要的政治纪律和政治规矩。生态环境保护既是业务性很强的政治工作，也是政治性很强的业务工作。必须不断增强做到"两个维护"的政治自觉，始终在政治立场、政治方向、政治原则、政治道路上同以习近平同志为核心的党中央保持高度一致。

2．坚定不移贯彻新发展理念，保持加强生态环境保护建设的定力

在我国经济由高速增长阶段转向高质量发展阶段过程中，污染防治和环境治理是需要跨越的一道重要关口。我们必须咬紧牙关，爬过这个坡，迈过这道坎，不动摇、不松劲、不开口子，坚决贯彻新发展理念，大力推动绿色低碳循环发展，协同推进经济高质量发展和生态环境高水平保护，擦亮国家发展的绿色底色，绝不能再回到简单以国内生产总值论英雄的老路上去，绝不能再回到以破坏生态环境为代价搞所谓发展的做法上去，更不能再回到粗放式发展的模式上去。

3．坚决打好污染防治攻坚战，加快补齐全面建成小康社会生态环境短板

小康全面不全面，生态环境很关键。确保如期实现全面建成小康社会目标，必须打好污染防治攻坚战，否则就会严重影响全面建成小康社会的成色。生态环境部门作为主责部门，要保持拼劲、韧劲、狠劲，采取更有效的政策措施，确保实现污染防治攻坚战阶段性目标，确保全面建成小康社会得到人民的认可、经得起历史的检验。

4．建立健全生态文明制度体系，推进生态环境治理体系和治理能力现代化

要以解决制约生态环境保护事业发展的体制机制问题为重点，加快构建源头严防、过程严管、损害严惩、责任追究的生态环境保护体系和党委领导、政府主导、企业主体、社会组织和公众共同参与的生态环境治理体系，在坚持巩固、完善发展、遵守执行生态文明制度上持续用力、久久为功，把我国制度优势更好地转化为国家治理效能，为推进生态文

明、建设美丽中国提供坚实的制度保障。

5．勇于自我革命，深入推进全面从严治党

当前，政治意识淡化、党的领导弱化、党建工作虚化、责任落实软化等党建"灯下黑"问题在生态环境系统依然存在，违纪违法问题时有发生，万本太涉嫌严重违纪违法接受审查调查再次警醒我们，全面从严治党永远在路上。

（二）2019年重点工作进展与主要经验做法

具体来讲，主要是做了以下四个方面工作：

1．全力以赴打好污染防治攻坚战

（1）坚决打赢蓝天保卫战。持续实施重点区域秋冬季攻坚行动。继续推进北方地区冬季清洁取暖。开展煤电机组、钢铁企业超低排放改造，推进工业炉窑、重点行业挥发性有机物治理。大力推进"公转铁"，严厉打击非法黑加油站点和劣质油品。强化重污染天气应对。

（2）持续打好碧水保卫战。基本完成899个县级水源地3 626个问题环境整治任务。全国地级及以上城市2 899个黑臭水体消除2 513个。全面完成长江流域入河、环渤海入海排污口排查。推进长江"三磷"专项排查整治。完成2.5万个建制村农村环境综合整治。

（3）扎实推进净土保卫战。完成农用地土壤污染状况详查。坚定不移禁止洋垃圾入境，全国固体废物实际进口量同比减少40.4%。启动"无废城市"建设试点。"清废行动2019"发现的1 254个问题中1 163个完成整改。深化垃圾焚烧发电行业专项整治行动。

（4）大力开展生态系统保护和修复。推动生态保护红线评估和勘界定标。开展"绿盾"自然保护地强化监督。命名表彰第二届中国生态文明奖先进集体和先进个人、第三批国家生态文明建设示范市县和"绿水青山就是金山银山"实践创新基地。

（5）严格核与辐射安全监管。高效运转国家核安全工作协调机制。发布《中国的核安全》白皮书。核电厂和研究堆运行状况良好、建造质量受控。

（6）防范化解生态环境风险。开展重点化工园区有毒有害气体预警体系建设试点。初步建立政府主导、企业参与的海上突发环境事件应急机制。基本按期办结群众举报53.1万件。生态环境部直接调度处置突发环境事件84起。

2．积极主动服务"六稳"

（1）大力推动高质量发展。出台《进一步深化生态环境监管服务推动经济高质量发展的意见》。积极主动服务京津冀协同发展等重大国家战略。长江经济带11省市及青海省"三线一单"成果开始实施。

（2）持续深化"放管服"改革。依法取消环评单位资质许可。下放运输机场等9类项目环评审批权。动态调整并持续调度国家、地方、利用外资重大项目"三本台账"，对重大项目审批开辟绿色通道。

（3）支持服务企业绿色发展。印发《关于支持服务民营企业绿色发展的意见》。对重点区域39个城市开展大气治理"一市一策"驻点跟踪研究，对长江沿线有关城市派驻58个专家团队开展驻点研究和技术指导。启用国家生态环境科技成果转化综合服务平台。

（4）加大生态环保扶贫力度。落实《关于生态环境保护助力打赢精准脱贫攻坚战的指导意见》，完成2019年定点扶贫年度任务。

3．加快推进生态环境治理体系和治理能力现代化

（1）深化生态环境领域机构改革。组建7个流域海域生态环境监督管理局及其监测科研中心。基本完成省以下生态环境机构监测监察执法垂直管理制度改革。

（2）完善法律法规标准体系。《固体废物污染环境防治法修订草案》《长江保护法草案》已提请全国人大常委会审议。完成《海洋石油勘探开发环境保护管理条例》修订。完成21项部门规章立改废。制修订96项国家生态环境标准。

（3）深入推进生态环境保护督察。中共中央办公厅、国务院办公厅印发《中央生态环境保护督察工作规定》，党中央批准成立中央生态环境保护督察领导小组。对6个省（市）和2家中央企业开展第二轮第一批中央生态环境保护例行督察，受理转办群众举报问题1.89万件，已办结或基本办结1.6万件。开展中央生态环境保护专项督察。开展"一刀切"问题专项整治，严肃查处7起"一刀切"行为。

（4）严格依法依规监管。对重点区域开展固定污染源排污许可清理整顿试点。开展蓝天保卫战重点区域强化监督定点帮扶，交办涉气问题6.5万个。改革完善信访投诉工作机制。进一步规范自由裁量权。全国实施行政处罚案件16.29万件，罚款金额119.18亿元。开展全国生态环境保护执法大练兵。

（5）完善生态环境监测体系。印发《生态环境监测规划纲要（2020—2035年）》。完成"十四五"国家环境空气、地表水、海洋生态环境监测网络优化调整。按月发布空气质量及改善幅度相对较好和较差城市名单，按季度开展城市水环境质量排名。严肃查处干扰国控站点案件。举办第二届全国生态环境监测专业技术人员大比武。

（6）强化宣传引导。落实例行新闻发布会制度。开展大型主题采访活动。举办全国低碳日、国际生物多样性日等宣传活动。推动四类设施向公众开放。

（7）加强国际合作交流。成功举办2019年世界环境日全球主场活动、国合会2019年年会。启动"一带一路"绿色发展国际联盟，发布生态环保大数据服务平台。牵头联合国气候行动峰会"基于自然的解决方案"领域工作。推动成立全球适应中心中国办公室。积极筹备《生物多样性公约》第十五次缔约方大会。

（8）加快信息化建设步伐。顺利完成全国固定污染源统一数据库、"互联网+监管"、一体化政务服务平台等生态环境信息化建设任务。

（9）持续推进基础能力建设。中央财政安排532亿元环保专项资金，支持各地加强污染治理和农村环境综合整治。推动设立国家绿色发展基金。基本完成第二次全国污染源普查。

4．坚决落实全面从严治党主体责任

（1）深入开展"不忘初心、牢记使命"主题教育。召开多次推进会，组建指导组，推动主题教育取得扎实成效。开展整改落实"回头看"和8个专项整治，生态环境部党组确定的整改措施已完成过半。

（2）切实为基层减负。出台贯彻落实《关于解决形式主义突出问题为基层减负的通知》20条举措。生态环境部印发文件和召开会议同比大幅减少。出台统筹规范强化监督工作实施方案，区县监督频次、监督人员总数、地方进驻时间明显减少。

（3）加强和改进党的建设。选举产生中国共产党生态环境部机关第一届委员会和纪律检查委员会委员。印发习近平总书记重要批示件办理情况考核办法。分两轮完成对部分部机关司局和部属单位的巡视。

（4）加快打造生态环境保护铁军。印发《关于加强生态环境保护铁军建设的意见》。开展"打好污染防治攻坚战，我该怎么做"主题活动。加大中央八项规定及其实施细则精神贯彻执行和督促检查力度，坚持不懈整治"四风"。驻部纪检监察组坚守政治监督的职责定位，在坚持政治与业务结合，压紧压实全面从严治党责任制等方面做了大量卓有成效的工作。

我们探索积累了一些成功做法和经验。主要有以下六个方面：

（1）坚持以习近平生态文明思想为指引。将深入学习宣传贯彻习近平生态文明思想作为长期重要的政治任务，做到学思用贯通、知信行统一。

（2）坚持以人民为中心。一方面，为了人民，服务人民，不断满足人民日益增长的优美生态环境需要。另一方面，依靠人民，仰仗人民，将人民信访投诉作为发现生态环境问题线索的"金矿"，让老百姓成为我们的帮手、同盟军，打污染防治的人民战争。

（3）坚持落实"党政同责、一岗双责"。强化党的领导，明确地方各级党委和政府要对本行政区域的生态环境保护工作及生态环境质量负总责；管发展的、管生产的、管行业的，都要按"一岗双责"的要求管好环保，将"小环保"真正转变为"大环保"。

（4）坚持以改善生态环境质量为核心。以改善生态环境质量为核心，有利于更好地调动地方积极性，让环境治理措施更有针对性，使环境治理成效与老百姓的感受更加贴近，让人民群众有明显的获得感。

（5）坚持落实"六个做到"。即做到稳中求进、统筹兼顾、综合施策、两手发力、点面结合、求真务实。

（6）坚持不断强化基础能力建设。不断加强机构、队伍、能力和作风建设，着力打造生态环境保护铁军，推进生态环境治理体系和治理能力现代化。

（三）准确把握生态环境保护面临的形势和2020年工作总体思路

2020年是全面建成小康社会和"十三五"规划的收官之年，是打赢污染防治攻坚战的决胜之年，是保障"十四五"顺利起航的奠基之年，做好生态环境保护工作意义重大。当前，习近平生态文明思想深入人心，绿色低碳循环发展有力推进，生态环境治理体系不断完善，生态文明建设改革举措落地见效，为全面加强生态环境保护、坚决打赢污染防治攻坚战增添了强大动力。同时，国内外环境正在发生深刻复杂变化，经济发展外部环境更趋复杂严峻，不稳定不确定因素增多，生态环境保护面临的形势依然严峻。

从国内看。一是经济下行压力加大带来更多挑战；二是生态环境治理仍然存在短板和薄弱环节；三是完成污染防治攻坚战目标任务艰巨；四是生态环保队伍的工作能力和作风仍待加强。

从国际看。世界经济仍处在国际金融危机后的深度调整期，环境问题、经济问题和政治问题相互关联，对预期管理、政策实施带来影响。单边主义、保护主义、逆全球化违背历史潮流，不仅不利于资源高效配置，影响全球经济发展，还会对全球生态环境保护和应对气候变化造成很大负面影响。

2020年生态环境保护工作的主要目标是：确保实现污染防治攻坚战阶段性目标，生态环境质量总体改善，主要污染物排放总量继续减少，环境风险得到有效管控，生态环境保护水平与全面建成小康社会目标相适应。其中，"十三五"规划明确的9项生态环境保护约束性指标，也就是污染防治攻坚战的核心阶段性目标，必须要确保完成，并且还要做到环境质量只能持续改善，不能倒退变差。同时，对于近岸海域优良水质、自然生态保护、土壤环境风险管控、固体废物与化学品环境管理、核与辐射安全等其他指标，也要力保如期实现目标。

> **拓展阅读**
>
> **加快生态文明体制改革，建设美丽中国**
>
> 人与自然是生命共同体，人类必须尊重自然、顺应自然、保护自然。人类只有遵循自然规律才能有效防止在开发利用自然上走弯路，人类对大自然的伤害最终会伤及人类自身，这是无法抗拒的规律。
>
> 我们要建设的现代化是人与自然和谐共生的现代化，既要创造更多物质财富和精神财富以满足人民日益增长的美好生活需要，也要提供更多优质生态产品以满足人民日益增长的优美生态环境需要。必须坚持节约优先、保护优先、自然恢复为主的方针，形成节约资源和保护环境的空间格局、产业结构、生产方式、生活方式，还自然以宁静、和谐、美丽。
>
> （1）推进绿色发展。加快建立绿色生产和消费的法律制度和政策导向，建立健全绿色低碳循环发展的经济体系。构建市场导向的绿色技术创新体系，发展绿色金融，壮大节能环保产业、清洁生产产业、清洁能源产业。推进能源生产和消费革命，构建清洁低碳、安全高效的能源体系。推进资源全面节约和循环利用，实施国家节水行动，降低能耗、物耗，实现生产系统和生活系统循环链接。倡导简约适度、绿色低碳的生活方式，反对奢侈浪费和不合理消费，开展创建节约型机关、绿色家庭、绿色学校、绿色社区和绿色出行等行动。
>
> （2）着力解决突出环境问题。坚持全民共治、源头防治，持续实施大气污染防治行动，打赢蓝天保卫战。加快水污染防治，实施流域环境和近岸海域综合治理。强化土壤污染管控和修复，加强农业面源污染防治，开展农村人居环境整治行动。加强固体废弃物和垃圾处置。提高污染排放标准，强化排污者责任，健全环保信用评价、信息强制性披露、严惩重罚等制度。构建政府为主导、企业为主体、社会组织和公众共同参与的环境治理体系。积极参与全球环境治理，落实减排承诺。
>
> （3）加大生态系统保护力度。实施重要生态系统保护和修复重大工程，优化生态安全屏障体系，构建生态廊道和生物多样性保护网络，提升生态系统质量和稳定性。完成生态保护红线、永久基本农田、城镇开发边界三条控制线划定工作。开展国土绿化行动，推进荒漠化、石漠化、水土流失综合治理，强化湿地保护和恢复，加强地质灾害防治。完善天然林保护制度，扩大退耕还林还草。严格保护耕地，扩大轮作休耕试点，健全耕地草原森林河流湖泊休养生息制度，建立市场化、多元化生态补偿机制。
>
> （4）改革生态环境监管体制。加强对生态文明建设的总体设计和组织领导，设立国有自然资源资产管理和自然生态监管机构，完善生态环境管理制度，统一行使全民所有自然资源资产所有者职责，统一行使所有国土空间用途管制和生态保护修复职责，

统一行使监管城乡各类污染排放和行政执法职责。构建国土空间开发保护制度，完善主体功能区配套政策，建立以国家公园为主体的自然保护地体系。坚决制止和惩处破坏生态环境行为。

同志们！生态文明建设功在当代、利在千秋。我们要牢固树立社会主义生态文明观，推动形成人与自然和谐发展现代化建设新格局，为保护生态环境做出我们这代人的努力！

（摘自中国共产党第十九次代表大会《决胜全面建成小康社会，夺取新时代中国特色社会主义伟大胜利》的报告第九部分）

思考题

1．新时代我国生态文明建设的内涵有哪些？
2．谈谈你对"宁要绿水青山，不要金山银山，而且绿水青山就是金山银山"的理解。

参考文献

[1] 张蕾．还百姓蓝天碧水净土[N/OL]．光明日报，2018-07-06（10）[2019-05-23].
http://epaper.gmw.cn/gmrb/html/2018-07-06/nbs.D110000gmrb_10.htm.

[2] 顾仲阳．坚决打好污染防治攻坚战 推动生态文明建设迈上新台阶[N/OL]．人民日报，2018-05-20（1）[2019-05-23].
http://paper.people.com.cn/rmrb/html/2018-05/20/nw.D110000renmrb_20180520_2-01.htm.

[3] 任勇．加快构建生态文明体系[J]．求是，2018（13）．

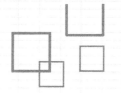

专题八
朝鲜半岛问题透视与前景展望

一、朝鲜半岛核问题的产生与演进

（一）朝鲜半岛的分裂

日本 1868 年明治维新以后走上对外侵略的道路，把矛头直指朝鲜，甲午战争后日本强化了对朝鲜的控制。1910 年《日韩合并条约》签订，朝鲜人民开始亡国奴生活，直至第二次世界大战日本战败投降。第二次世界大战进入 1943 年以后，美、苏、英、中等主要盟国对战后世界安排进行讨论。开罗会议和雅尔塔会议就朝鲜问题达成的协议主要有两项：一是战后朝鲜应予独立；二是中、美、苏、英四国托管朝鲜。

1945 年 8 月 8 日苏联对日宣战后，苏军在朝鲜北部登陆向南推进，大有占领整个朝鲜半岛之势，而美军此时正在太平洋与日军激战。美国政府提出美军尽快在半岛南部登陆北上，美陆军则认为无法办到。美国方面提出了以朝鲜中部 38 度线为界作为美苏地面部队作战和受降分界线的方案，苏联表示同意，已进入 38 度线以南的苏军后撤到此线以北。1945 年日本投降后，朝鲜半岛以北纬 38 度线为界，分别由苏联和美国军队接收。三八线两侧禁止人员、物资交流，铁路、通信联系也被中止，朝鲜南北之间处于被分割状态。美苏军队分别对三八线两侧实行军事占领后，各自按照自己的模式对占领区进行统治。朝鲜半岛的南部在美国支持下于 1948 年 8 月成立大韩民国，北部在苏联支持下于 1948 年 9 月成立朝鲜民主主义人民共和国。两个国家都宣布自己是整个朝鲜半岛的唯一合法政府，对整个朝鲜半岛拥有主权。

1950 年 6 月，朝鲜战争爆发。1953 年 7 月 27 日上午 10 时在板门店，朝、中、美三国签署了《朝鲜停战协定》及《关于停战协定的临时补充协议》的停火协议。1953 年 10 月 1 日，美国与韩国签订《美韩共同防御条约》，继续在韩国保留美国驻军。1954 年，在日内瓦会议上，由于美国缺乏诚意，未能就从朝鲜撤出一切外国军队及和平解决朝鲜问题达成协议。经朝中两国政府协商同意，中国人民志愿军于 1958 年年底全部撤离朝鲜。

（二）朝核问题的由来

朝鲜战争以来，朝鲜半岛南北双方一直处在军事对峙状态，朝核问题实际就是冷战状态的延续。朝鲜战争结束后，美国长期对朝鲜执行敌视政策，同时因为担心朝鲜南下武力进犯，在韩国驻扎了大量军队，与韩国举行联合军事演习。朝鲜认为美国的行为威胁朝鲜的安全，要求美国从韩国撤军。而美国则坚持朝鲜半岛要实现无核化，朝鲜必须放弃核计划。

朝鲜在1974年加入国际原子能机构，1985年加入《不扩散核武器条约》，1986年就首先提出朝鲜半岛无核化建议。1992年5月至1993年2月，朝鲜接受了国际原子能机构六次不定期核检查。美国认为朝鲜宁边核设施可以进行武器级研发，要求进行特别检查，并以与韩国进行军事演习相要挟，朝鲜随即宣布退出《不扩散核武器条约》。朝鲜宣布无意也无力开发核武器，同时指责美国在韩国部署核武器威胁其安全。第一次朝鲜半岛核危机由此爆发。

1993年，第一次朝鲜半岛核危机爆发后，中国主张该问题应由美朝双边对话直接解决。美国前总统卡特访问平壤与金日成会谈后，朝美达成核框架协议。1994年10月，朝美在日内瓦签订《关于解决朝鲜核问题的框架协议》，朝鲜冻结其核设施，美国牵头成立朝鲜半岛能源开发组织，负责为朝鲜建造轻水反应堆并提供重油，以弥补朝鲜停止核计划造成的电力损失。2002年10月，时任美国总统特使、助理国务卿凯利访问平壤后，美国指控朝鲜正在开发核武器。美国以朝鲜违反《关于解决朝鲜核问题的框架协议》为由停止向朝提供重油。2002年12月朝鲜重启宁边核设施，朝鲜半岛核危机第二次爆发。朝鲜宣布解除核冻结，拆除国际原子能机构在其核设施上安装的监控设备，重新启动用于电力生产的核设施，并于2003年1月10日发表声明，宣布退出《不扩散核武器条约》，但同时朝鲜表示无意开发核武器。

（三）六方会谈

为了朝核问题的和平解决，中国政府积极进行多方斡旋，促成由朝鲜、韩国、中国、美国、俄罗斯和日本六国共同参与的旨在解决朝鲜核问题的一系列谈判。会谈于2003年8月27日开始，到2007年9月30日为止，共举行过六轮会谈。

首轮六方会谈于2003年8月在北京举行，并确立了通过谈判和平解决朝核问题的原则。会谈达成了一项《主席声明》，就下一轮会谈的时间进行了商议。《主席声明》包括四点重要共识：①有必要通过和平方式解决朝核问题，从而确保朝鲜半岛和平稳定，实现朝鲜半岛的无核化；②有必要解决朝鲜对安全的忧虑；③朝核问题要分阶段、并行地、概括性地解决；④不要进行任何导致局势恶化的行动。

2004年2月15日第二轮六方会谈在北京举行。第二轮六方会谈取得五个重要进展：①推进了实质性问题的讨论；②明确了采取协调一致的步骤解决核问题及其他关切；③发表了启动六方会谈以来的首份共同文件；④确定了第三轮六方会谈的日期；⑤确定成立工作组，使六方会谈机制化。

2004年6月23日第三轮六方会谈在北京举行。会谈的主要成果有：①各方都提出了解决问题的方案，朝方表示愿意以透明的方式放弃核武器计划，强调核冻结是弃核的第一阶段，愿意为此接受核查。美方重申，不对朝鲜有敌对政策，并首次提出了解决核问题的全面方案。韩国首次提出了弃核第一阶段的具体实施方案。日本首次表示在一定条件下对朝鲜实施核冻结提供能源帮助。中国和俄罗斯都为推进和谈进程，解决面临的难点提出了重要的设想和建议。②各方就弃核的第一阶段达成共识，各方均认同实施核冻结并采取相应措施是弃核的第一阶段。各方同意授权工作组尽快举行会议，就核冻结的范围、期限、核查以及采取的措施等问题进行更为具体的讨论。这将有利于深化实质性的讨论,有利于切实推进无核化进程。③各方同意以循序渐进的方式,按照口头对口头、行动对行动的原则寻求核问题的和平解决。这些共识是在各方同意采取协调一致步骤的基础上达成的,进一步明确和完善了解决问题的途径和需要遵循的原则。④各方审议通过了工作组的概念文件,确定了工作组的职责和运作方式,有利于工作组今后更为有效、规范和务实地开展工作。⑤各方确定了第四轮六方会谈的会期,并发表了第二份《主席声明》。

2005年7月开始第四轮六方会谈,分两个阶段进行,历经休会、推迟,9月19日,第二阶段会议与会各方一致通过《第四轮六方会谈共同声明》（简称"9.19共同声明"）朝方在声明中承诺,放弃一切核武器及现有核计划,早日重返《不扩散核武器条约》,并回到国际原子能机构保障监督。美方在声明中确认,美国在朝鲜半岛没有核武器,无意以核武器或常规武器攻击或入侵朝鲜。朝方和美方在声明中承诺,将采取步骤实现关系正常化。朝日双方在声明中承诺,根据《朝日平壤宣言》,在清算不幸历史和妥善处理有关悬案基础上,采取步骤实现关系正常化。

第五轮六方会谈历经三个段,2005年11月开始,最终于2007年2月13日闭幕,通过了《落实共同声明起步行动》共同文件（简称"2.13共同文件"）。《落实共同声明起步行动》主要内容有:①六方重申以和平方式早日实现朝鲜半岛无核化是各方的共同目标和意志,重申将认真履行在共同声明中做出的承诺。六方同意根据"行动对行动"原则,采取协调一致步骤,分阶段落实共同声明。②六方同意在起步阶段平行采取以下行动:以最终废弃为目标,朝方关闭并封存宁边核设施,包括后处理设施。朝方邀请国际原子能机构（IAEA）人员重返朝鲜并进行IAEA和朝方同意的一切必要的监督和验证。朝方与其他各方讨论共同声明所述其全部核计划清单,包括从乏燃料棒中提取出的钚,根据共同声明这些核计划应予放弃。朝方与美方将开始双边谈判,旨在解决悬而未决的双边问题并向全面外交关系迈进。美将启动不再将朝列为支恐国家的程序,并将推动终止对朝适用《敌国贸易法》的进程。朝方和日方将开始双边对话,旨在根据《日朝平壤宣言》在清算不幸历史和妥善处理有关悬案基础上采取步骤实现邦交正常化。忆及2005年9月19日共同声明第一条和第三条,各方同意合作向朝方提供经济、能源及人道主义援助。为此,各方同意在起步阶段向朝方提供紧急能源援助。首批紧急能源援助相当于5万吨重油,有关援助将于60天内开始。③为实施起步行动,全面落实共同声明,六方同意设立下列工作组:朝鲜半岛无核化工作组;朝美关系正常化工作组;朝日关系正常化工作组;经济与能源合作工作组;东北亚和平与安全机制工作组。工作组的责任是讨论制定各自领域落实共同声明的具体方案。工作组须向六方会谈团长会报告工作进展,六方同意30天内启动所有工作组。④在起步行动阶段和下一阶段期间,朝对其所有核计划进行全面申报,将包括石墨慢化反应堆及后处理厂在内的一切现有核设施去功能化,相当于100万吨重油的经济、能源及人道主义援助（其中包括首批相当于5万吨重油的援助）将向朝方提供。⑤上述起步行动落实后,六方将迅速召开外长会,确认履行共同声明,探讨加强东北亚安全合作的途径。⑥六方重申,将采取积极步骤增进相互信任,共同致力于东北亚地区持久和平与稳定。直接有关方将另行谈判建立朝鲜半岛永久和平机制。⑦六方同意于2007年3月19日举行第六轮六方会谈,听取工作组报告,研究下一阶段行动。

2007年7月，朝鲜关闭并封存宁边核设施。

2007年3月19日第六轮六方会谈举行，会谈历经两个阶段，第二个阶段会议制定并通过了《落实共同声明第二阶段行动》共同文件。该文件主要有以下几方面内容：①关于朝鲜半岛无核化，根据9.19共同声明和2.13共同文件，朝同意对一切现有核设施进行以废弃为目标的去功能化。2007年12月31日以前完成对宁边原子能研究中心5兆瓦实验性反应堆、后处理厂（放射化学实验室）及核燃料元件制造厂去功能化。专家组提出的具体措施将由团长会本着各方接受、科学、安全、可验证和符合国际规范的原则批准。应其他方的要求，美方将牵头实施去功能化，并为此提供起步资金。作为第一步，美方将于两周内率专家组赴朝为去功能化做准备。朝方同意根据2.13共同文件于2007年12月31日前对其全部核计划进行完整、准确的申报。朝方重申其不转移核材料、核技术或核相关知识的承诺。②关于有关国家关系正常化。朝美继续致力于改善双边关系，向实现全面外交关系迈进。双方将加强双边交流，增进相互信任。忆及美国关于启动不再将朝列为支恐国家程序及推动终止对朝适用《敌国贸易法》进程的承诺，美将按照朝美关系正常化工作组会议的共识，根据朝行动并行履行其对朝承诺。朝日将根据《朝日平壤宣言》在清算不幸历史和妥善处理有关悬案基础上认真努力，迅速实现邦交正常化。朝日双方承诺将为此通过充满活力的双边磋商采取具体行动。③对朝提供经济能源援助。根据2.13共同文件规定，相当于100万吨重油的经济、能源与人道主义援助（包括已向朝提供的10万吨重油）将向朝方提供。具体援助方式将由经济与能源合作工作组商定。④六方外长会各方重申将适时在北京召开六方外长会谈。

根据这一文件，美国和朝鲜同意继续致力于改善双边关系，向实现建立全面外交关系迈进。2007年11月，朝鲜开始对宁边三个核设施实行"去功能化"。后因朝美在核计划申报问题上产生分歧，文件未能得到有效落实。2009年4月23日，朝鲜宣布退出六方会谈。

二、影响朝核问题发展的因素

（一）朝鲜半岛冷战格局持续

1953年《朝鲜停战协定》签订，标志着朝鲜半岛"休战"，从法律意义上看战争并未结束。之后几十年朝鲜半岛的格局发生重大变化，中美建交加强了在半岛问题上的协调与合作，1990年苏联与韩国建立外交关系，1992年中国与韩国建立外交关系。当时美国认为朝鲜即将崩溃，美朝没有建立外交关系。尽管1991年朝韩同时加入联合国并相继签订了系列协议，还举行过两次首脑会晤，但是朝鲜依然面临东亚地区美日、美韩之间牢固的军事同盟。总体上看，以朝鲜战争时期的中、苏、朝为一方的北三角与美、韩、日为另一方的南三角对峙，演变为朝鲜一国与美日韩南三角的对峙，冷战的时代结束了，但是朝鲜半岛的冷战还在持续。这就是朝鲜面临的战略安全环境。中俄与韩国建立外交关系，韩国来自冷战时期东方阵营的安全威胁消失了。而朝鲜面对美日、美韩同盟的安全威胁并没结束。朝鲜以核试验和导弹发射来应对美韩两国每年针对朝鲜的联合军演。如此往复，恶性循环，陷入困境。朝鲜这一方，2012年"拥核"入宪，2013年通过确立了"核武与经济并进路线"，2014年建立核弹部队战略军，2015年，将"核武与经济并进"上升为国家战略地位,2016年宣称朝鲜是负责任的"持核国家"。美日韩一方,2014年美、日、韩三方正式签署一份有关共享涉及朝鲜核计划和导弹计划的军事情报的谅解备忘录,2016年美韩进行了代号为"关键决断"和"鹞鹰"的联合军演,启动并实施"5015"新作战计划,如朝鲜半岛出现紧急情况,美韩将对朝鲜最高领导层及核、导等设施进行"斩首"式先发制人精确打击。

(二)美国的朝鲜政策是影响朝核问题走向的主要因素

从历史上看,朝核问题因美国而起。事实表明,朝鲜也把美国作为首要对象来解决朝核问题的。但美国对朝鲜政权的敌视政策没有从根本消除。由于历史和现实的原因,朝美之间形成长期的敌对关系,两国相互猜忌、缺乏信任。

美国在政治上孤立朝鲜,把朝鲜列为"支持恐怖活动的国家",经济上对朝鲜贸易禁运和封锁,军事上,韩国是美国海外驻军最多的国家,20世纪70年代为韩国提供核保护伞,在韩国部署战术核弹头,举行针对朝鲜的韩美联合军演。朝鲜追求核武器的主要目的是利用军事手段来对抗经济上强大的韩国,并对美国和日本构成核威慑,从而有效地维护自身的安全,加强自己在民族统一过程中的作用,提高与美日交往中的地位。美国前国务卿希拉里宣称:以朝鲜放弃核计划为前提,美国愿意与朝鲜实现关系正常化、签署和平条约、提供其他经济援助。而朝鲜愿意放弃自己的核武器计划,条件是:美国提供"具有法律约束力的安全保证",美国放弃敌视朝鲜的政策,将朝鲜从美国开列的"支恐名单"中删除,尊重朝鲜的政治体制,并向朝鲜提供经济援助。双方在先放弃核武器再进行援助还是先提供援助再放弃核武器问题上难以达成一致意见。如果美国真心想解决朝核问题,就应该调整其对朝政策,在外交上承认朝鲜,在安全上缔结正式的朝鲜战争停战协定。萨德的部署反映出美国关心的是"亚太再平衡",而不是朝鲜半岛的稳定与和平,朝核问题不过是美国干涉东北亚局势的借口。

(三)中国在朝核问题中的重要协调作用

中国是朝鲜半岛相邻的国家,半岛局势和平稳定,事关中国的重要利益。中国在朝核事态的发展中积极斡旋,对朝鲜半岛局势的缓和起到了核心作用。1996年美国前总统克林顿访韩时,美韩提出举行由朝、韩、中、美代表参加的四方会谈的相关建议,中国方面积极响应。1997—1999年间四方会谈机制建立,共举行了六次会谈,正式启动"缓和半岛紧张局势"工作组和"建立半岛和平机制"工作组。2002年第二次朝鲜半岛核危机爆发后,在中国积极努力下,2003年中、朝、美、韩、日、俄六国代表在北京举行首轮"六方会谈",启动六方会谈机制。中国始终在各方之间积极协调,为朝核问题的解决发挥了极为重要的作用。中国坚决主张半岛无核化,积极推动朝核问题和平解决。

解决朝核问题的最初方案就是"六方会谈",但此方案因朝鲜的退出一度陷入僵局。2017年"两会"期间,王毅外长首次提出了"朝鲜暂停核导活动、美韩也暂停大规模军演"的建议,希望通过"双暂停"使各方重新回到谈判桌前。美韩对这项提议反应消极。美国认为此方案不可行、不公平。理由是美韩联合军演已持续很长时间,是合法的,而朝鲜则是非法谋求核武器,是对地区安全和国际秩序的一种挑衅。2018年韩国平昌冬奥会期间,朝鲜并没有进行新的核导实验,美韩也暂停了针对朝鲜的军演。事实证明，中方提出的"双暂停"倡议为南北改善关系营造了最基本的条件。半岛无核化是解决所有与半岛有关问题的关键，要坚持实现半岛无核化与建立半岛和平机制"双轨并进"。王毅外长给出了如何政治解决半岛核问题的三个要点，从总路径、解决机制、具体分步操作三个层面给出了实操性很强的解决方案。一是坚持无核化这一大方向。半岛无核化是解决所有与半岛有关问题的总钥匙，是通向半岛长治久安的总路径。各方都应坚持这一大方向不动摇。二是坚持实现半岛无核化与建立半岛和平机制"双轨并进"。半岛核问题与各方尤其是朝方长期面临的安全威胁密切相关。在推进无核化进程中，解决朝鲜方面的正当安全关切，是合情合理的要求，是实现无核化的应有之义。三是坚持分阶段、同步走、一揽子解决的推进思路。半岛核问题由来已久，各方尤其是美朝之间缺乏基本信任。和平进程要在确定无核化的前提下循序渐进，相向而行。在每个阶段，各方都应承担相对应的责任与义务。这样就能保障和平进程可持续，保障对话谈判不中断。当前朝鲜半岛形势缓和符合中国利益，符合中国的"双暂停"建议，也有助于"双轨并进"方案的实施，符合中国的半岛无核化目标。"双暂停"倡议主张通过朝鲜暂停核导活动，美韩暂停大规模军演，推动双方回到谈判桌前。"双轨并进"旨在按照同步对等原则，并行推进实现半岛无核化和建立半岛和平机制两条轨道，最终予以一并解决。

（四）朝韩两国关系对朝核问题解决有着直接的影响

朝韩两国虽然并非半岛局势最重要影响国，却是最直接当事国。半岛局势波动往往围绕朝韩关系展开，朝韩双方常常试图通过彼此关系的变化进而去撬动与大国关系的调整。1998年2月25日，韩国金大中就任总统，提出了一系列对朝鲜和解政策，如实现和平共处与和平交流，谋求南北间的相互利益，举行首脑会晤等，被称为"阳光政策"。"阳光政策"不仅促进了南北之间的经济、社会和文化交流，重要的是朝韩双方就共同关心的问题进行了协商，促进了双方关系的改善，旨在解决第一次朝鲜半岛核危机的"四方会谈"的顺利举行，直接促成了2000年的南北首脑会谈。

朴槿惠当选总统以后，韩国政府对朝实施强硬政策。特别是在朝鲜进行第四次核试验以后，朝韩关系持续紧张。金正恩在朝鲜劳动党"七大"会议期间向韩国释放了积极的信号，表示朝方愿意改善朝韩关系，并表示愿意相互尊重、消除误解。而韩方对此很冷漠，之后撤出开城工业园区，并对朝鲜实施严厉经济制裁。金大中积极促进朝韩之间的和解与合作，卢武铉继承发展了金大中的政策和理念。这两位总统在任期间，朝韩关系达到了历史最好时期。朴槿惠政府使朝韩关系跌至两极冷战格局崩溃以来的最差时期。文在寅在就任总统的第一天就明确表示愿意访问平壤，透露出愿意与朝鲜接触的意愿，迎来了朝韩两国代表团在平昌冬奥会开幕式上举"朝鲜半岛旗"共同入场，半岛气氛从对抗转为对话，同时朝、美韩实现了"双暂停"。

三、朝鲜半岛问题的发展与展望

（一）朝鲜半岛问题面临新机遇

2006年朝鲜进行第一次核试验，至2017年共进行了六次核试验，2016年和2017年多次导弹发射。美韩多次进行联合军事演习,规模与强度越来越大,企图压服朝鲜。近年来美韩两国积极推进在韩部署"萨德"导弹防御系统使中韩关系与中美关系出现倒退,解决半岛问题的国际合作遭受重大挫折。2015年1月18—19日,美国政府前官员和朝鲜六方会谈代表在新加坡举行非正式闭门会谈,就朝核问题及双边议题进行磋商。朝方呼吁美国政府接受朝方的"不核试换不军演"提议。朝方表示,朝鲜一直以来都愿意无条件重返六方会谈。朝方官员还表示,希望美国政府恰当地研究朝方的提议,并做出回应。2015年1月21日,美国国务院回应说,美国拒绝朝鲜有关无条件恢复六方会谈的提议,再次敦促朝方恪守自身国际义务。

2017年1月,特朗普就职美国总统。2017年4月,美国总统特朗普接受媒体采访时说,朝鲜是美国面临的最大挑战,美国可能因朝鲜半岛核问题与朝鲜发生重大冲突,但他更愿意用和平方式解决这一问题。但他表示,用外交手段解决朝鲜半岛核问题面临重重困难。他同时肯定了中国为解决朝鲜半岛核问题所做出的努力。2018年3月9日,韩国特使团向美国总统特朗普递交了来自朝鲜最高领导人金正恩的亲笔信,邀请特朗普进行会面。特朗普接受了朝方提议。

2017年5月文在寅就职韩国总统。9月韩国总统文在寅在联合国大会一般性辩论发言时表示,朝核问题应平稳有序地解决,不能破坏半岛的和平与稳定。他同时呼吁国际社会加强努力,直到朝鲜主动弃核。他希望朝鲜能够选择通往和平的道路,呼吁联合国在朝鲜半岛问题中,扮演更积极的角色。文在寅还欢迎朝鲜参加2018年在韩国平昌举行的冬季奥运会,并希望这将为促进和平创造契机。在2018冬奥会期间,朝韩双方借助平昌冬奥会的契机频繁互动,互动规格逐步提升,文在寅会见到访的朝鲜高级代表团后,金正恩作为回应接见了韩国特使团。在2018年4月20日举行的劳动党中央委员会第七届第三次全体会议上,金正恩宣布:朝鲜将从21日开始,不再进行任何核试验和洲际弹道导弹发射,废弃朝鲜北部核试验场;只要朝鲜不受核威胁挑衅,朝鲜绝对不使用核武器,不泄露核武器和核技术;朝鲜将集中全部力量发展经济,提高人民生活水平;为营造对发展经济有利的国际环境,维护朝鲜半岛和世界和平,朝鲜将与周边国家和国际社会积极展开紧密联系和对话。

国际社会特别是中国政府的"双暂停""双轨并进"建议,有效地推动了半岛局势缓和与朝核问题良性发展,平昌冬奥会为朝韩良好互动提供了契机,朝韩双方为首脑会晤积极努力,朝韩首脑会谈可谓天时、地利、人和全部具备。在上述背景下,朝韩双方商定于2018年4月27日在板门店韩方一侧"和平之家"举行朝韩首脑会晤。这次会晤是朝韩双方第三次举行首脑会晤。2000年6月,时任韩国总统金大中访问平壤,与时任朝鲜最高领导人金正日共同签署《北南共同宣言》。2007年10月,时任韩国总统卢武铉访朝,在平壤与金正日共同签署《北南关系发展与和平繁荣宣言》。本次朝韩首脑会晤主要有三大议题:实现半岛完全无核化、探索构建半岛永久和平机制、形成可持续发展的韩朝关系。其中,无核化无疑占据最重分量。

(二)朝韩首脑会晤签署《板门店宣言》

2018年4月27日,金正恩迈步跨过军事分界线,成为朝鲜战争之后第一位踏上韩国土地的朝鲜最高领导人。韩方为金正恩举行了传统欢迎仪式及阅兵仪式,这是朝鲜最高领导人首次检阅韩国军队仪仗队,象征着结束双方的敌对关系。朝韩首脑在板门店军事分界线附近共同植树,这是 1953 年停战协定签署那一年的松树,种树的土分别来自朝鲜"白头山"和韩国汉拿山,松树前的石碑上刻上"种下和平与繁荣",金正恩和文在寅签名。意味着朝鲜半岛和平稳定需要双方共同培植,共享和平繁荣。象征性的仪式结束后,在板门店韩方一侧"和平之家"举行朝韩首脑会谈,最重要的、具有实质意义的活动就是签署《为实现半岛和平、繁荣和统一的板门店宣言》(简称《板门店宣言》)。

《板门店宣言》主要内容有:两国首脑宣布,停止一切针对对方的敌对行为;商定争取在年内宣布结束战争状态,实现停和机制转换;宣布力促韩朝美或韩朝美中会谈;双方同意在开城设立共同永久联络事务所;双方宣布通过定期会谈和拨通热线电话随时磋商;双方领导人称将把朝韩非军事区构建为"和平地带";双方一致确认了通过"完全弃核",实现"半岛无核化"的共同目标;双方同意自主举行国防长官会谈等军事会谈,并在 5 月举行高级军事会谈;双方决定举行朝韩红十字会会谈,以 8 月 15 日为契机,举行离散家属团聚活动;双方同意从 5 月 1 日开始,在军事分界线一带,停止扩音器、散发传单等所有敌对行为;双方商定,韩国总统文在寅今秋将访问平壤;双方表示将积极推进"10.4 宣言"中达成协议的事项,将连接韩朝东海线及京义线铁路和道路;朝韩双方还决定,将西海"北方界线"一带建设成和平水域;朝韩将为构建朝鲜半岛的港口、巩固和平体制而积极合作;朝韩双方同意在各层面开展更为积极的合作、交流、访问和接触,将共同参加 2018 年亚运会等国际赛事。

《板门店宣言》核心内容有三点:①无核化问题。宣言确定了半岛无核化是朝韩共同的目标,同时提出了完全弃核,朝美双方的态度最关键。②构建半岛和平机制。宣言提出了争取年内把停战协定转换为和平协定的时间表。③改善南北关系。包括全面停止"敌对行为",在开城设立南北共同联络事务所、举行离散家属会面等。

(三)朝鲜半岛问题未来展望

无核化不仅是朝韩之间的问题,更是朝鲜与美国之间的问题。《板门店宣言》还没有具体的时间表,但是无核化没有设置前提条件,这应该是朝美首脑会谈的积极信号,有助于增加朝美领导人之间互信。尽管朝韩首脑会晤表达了无核化意愿,但这与美国政府内强硬派所理解的"彻底、可验证、不可逆的弃核"之间存在认知差。无核化能否真正实现,更重要的是主要当事方朝鲜和美国的态度和行动。2018 年 5 月 10 日,美国总统特朗普宣布,他与朝鲜最高领导人金正恩的会晤将于 2018 年 6 月 12 日在新加坡举行,5 月 24 日美国总统特朗普取消"金特会"。6 月 1 日,美国总统特朗普在白宫会见朝鲜劳动党中央委员会副委员长金英哲后说,美朝领导人会晤将如期于 6 月 12 日在新加坡举行。

2018 年 6 月 12 日,朝鲜最高领导人金正恩与美国总统特朗普在新加坡举行会晤,这是朝鲜半岛停战以来两国领导人的首次会晤,并签署联合声明。声明中称,美国总统特朗普和朝鲜最高领导人金正恩就建立新型美朝关系,以及在朝鲜半岛建立长久、稳固的和平机制,开展了全面、深入、坦诚的意见交换。特朗普承诺为朝鲜提供安全保证,而金正恩也重申了他对朝鲜半岛完全无核化坚定不移的承诺。双方承诺:

(1)美国和朝鲜将遵照两国人民的愿望,致力于建立"新型美朝关系",推动和平与繁荣。

（2）两国将共同努力，建立持久稳定的朝鲜半岛和平机制。

（3）朝方重申将遵守 2018 年 4 月 27 日的《板门店宣言》，承诺继续推动"半岛完全无核化"目标。

（4）美朝致力于找回战俘和失踪人员遗体，包括立即遣送已确认身份者。

改善南北关系，朝韩在行动。《板门店宣言》签订后，韩国军方 5 月 1 日开始撤除部署在京畿道坡州的扩音器。朝方也在分界线朝方一侧着手采取相同行动。韩国政府已要求韩方民间组织配合政府，停止散发传单。实现民族和解与团结的第一步，首先就是要统一目前在朝鲜半岛存在的两个时间。朝鲜将从 5 月 5 日起启用修改后的平壤时间，以东 9 区标准时间为准。首脑会晤后，朝韩双方随即开始采取系列积极举措，表明双方对于落实会晤共识有着强烈的意愿。2018 年 5 月 3 日世界乒乓球团体锦标赛上，朝鲜队和韩国队宣布不再进行四分之一决赛的竞争，宣布组成朝韩联队，携手直接进入四强。这是朝韩自 1991 年以来再次联手组队参加世乒赛，"朝韩联队"的组成是国际乒联、朝鲜乒乓球队和韩国乒乓球队三方决定，得到了中国、日本等其他协会的同意。有媒体质问国际乒联修改规则的原因，国际乒联主席托马斯解释道："是的，我们尊重规则；是的，我们改变了规则；是的，这比规则更重要，这就是答案，为了和平的决定。"

朝韩领导人在板门店跨出历史性的一步，让半岛和平站在了历史的新起点上。但是半岛核问题错综复杂，未来不会一帆风顺。和平必须争取，机遇需要把握。各方应坚持相向而行，拿出政治勇气，做出政治决断，不断缓解半岛紧张局势，推动实现持久和平。

为了朝鲜半岛和平与稳定，为了朝鲜半岛无核化，为了东北亚地区和平机制建立，我国政府十分珍惜朝鲜半岛难得的历史机遇，持之以恒的努力着。金正恩于 2018 年 3 月 25—28 日对我国进行非正式访问，在会谈中，双方领导人就国际和朝鲜半岛形势深入交换意见。2018 年 5 月 3 日，王毅外长在访问朝鲜时表示，在半岛问题上，中方坚持实现半岛无核化目标、维护半岛和平稳定、通过对话协商解决问题。我们呼吁各方支持半岛北南双方改善关系，共同为劝和促谈做出切实努力。朝方审时度势，果断决策，引导朝鲜半岛局势出现积极变化。中方支持和祝贺北南领导人成功会晤并发表划时代的《板门店宣言》。会晤为半岛问题政治解决带来了有利契机。中方支持半岛终止战争状态、实现停和机制转换，支持朝方战略重心转向经济建设，支持朝方在推进无核化进程中解决自身正当安全关切。中方愿就此同朝方保持沟通，加强协调。2018 年 5 月 7—8 日中朝领导人大连会晤、2018 年 6 月 19—20 日朝鲜领导人金正恩第三次访华，朝鲜最高领导人金正恩三次与国家主席习近平会晤。习近平表示，中方愿在半岛问题上继续发挥建设性作用，同包括朝方在内的各方一道努力，共同推动半岛形势走向缓和。金正恩表示在半岛无核化进程中，希望同中方加强战略沟通，共同维护协商对话势头和半岛和平稳定。

2019 年 1 月 8 日，中共中央总书记、国家主席习近平在北京同朝鲜劳动党委员长、国务委员会委员长金正恩举行会谈。关于朝鲜半岛形势，习近平积极评价朝方为维护半岛和平稳定、推动实现半岛无核化所采取的积极举措，表示 2018 年在中朝及有关方共同努力下，半岛问题政治解决进程取得重大进展。当前，半岛和平对话的大势已经形成，谈下去并谈出成果成为国际社会的普遍期待和共识，政治解决半岛问题面临难得的历史机遇。中方支持朝方继续坚持半岛无核化方向，支持北南持续改善关系，支持朝美举行首脑会晤并取得成果，支持有关方通过对话解决各自合理关切。希望朝美相向而行，中方愿同朝方及有关方一道努力，为维护半岛和平稳定，实现半岛无核化和地区长治久安发挥积极建设性作用。金正恩表示，2018年朝鲜半岛形势出现缓和，中方为此发挥的重要作用有目共睹，朝方高度赞赏并诚挚感谢。朝方将继续坚持无核化立场，通过对话协商解决半岛问题，为朝美领导人第二次会晤取得国际社会欢迎的成果而努力。希望有关方重视并积极回应朝方合理关切，共同推动半岛问题得到全面解决。

美国总统特朗普2018年6月12日在新加坡会晤朝鲜最高领导人金正恩，随后在记者会上宣布将暂停美韩联合军演。如果我们联系朝美首脑会晤达成的四点共识，就会发现这正是中国政府关于如何实现双方目标，化解半岛僵局的中国方案——"双暂停"和"双轨并行"倡议，即朝鲜的核试验活动与美韩大规模军演同时暂停，同时推进实现半岛无核化和建立半岛和平机制。

2019年2月27日，朝鲜最高领导人金正恩与美国总统特朗普在越南首都河内开始朝美领导人第二次会晤。28日上午，金正恩与特朗普先后进行小范围和大范围会晤。特朗普在随后提前举行的新闻发布会表示：美朝双方在无核化和解除对朝鲜制裁等方面存在分歧，未能签署相关文件。美国国务卿蓬佩奥说，美朝在会晤中取得"切实进展"，但朝方未能满足美方提出的"更多"要求，期待双方代表团近期再次会面，"我仍乐观"。白宫发言人发表声明说，美朝领导人举行了"非常好且有建设性的"会晤，讨论了推动朝鲜半岛无核化和相关经济事务的多种措施，但"未达成协议"，双方团队期待今后继续会面。朝鲜外相李勇浩表示，朝方在金特会上并未要求彻底解除制裁，而是部分解除制裁；朝方向美国提出了非常现实的提议；朝方提出了永久停止核试验和远程导弹试验等。美方在此基础上提出了一项新要求，但朝鲜无法予以满足。由此看来，朝鲜半岛问题错综复杂，不可能一蹴而就地解决。河内金特会的结果表明，朝美双方对河内会晤有着一定的诚意和期待，但两国缺乏战略互信，双方在无核化步骤及取消对朝制裁等关键问题上仍有分歧。

2019年4月12日朝鲜最高领导人金正恩表示，如果美国采取正确态度、找到朝鲜可以认同的方法，朝鲜愿意举行第三次朝美首脑会晤。同时表示他与美国总统特朗普个人关系良好。特朗普在推特上表示，他同意金正恩关于二人私人关系仍然良好的说法，也许用"极好"一词会更准确，认为举行第三次峰会是有益的。

2019年6月30日下午，美国总统特朗普与朝鲜最高领导人金正恩在韩朝非军事区见面，并握手问候。这是朝鲜战争停战66年后，朝美领导人首次在板门店进行会晤，也是特朗普与金正恩第三次会晤。特朗普跨过军事分界线，与金正恩在朝鲜土壤上走了走。他因此成为首位踏上朝鲜土地的美国在任总统。此前只有美国前总统卡特和克林顿在卸任后访问过朝鲜。双方返回韩方一侧，与文在寅会面。这是朝、美、韩三国领导人首次同时见面。朝美领导人在板门店韩国一侧"自由之家"进行了双边会谈。金正恩在会谈前说："我们在板门店这个象征南北分裂的地点握手，表明朝美展现出与过去长期敌对关系完全不同的面貌。"金正恩指出，特朗普跨过边界，意味愿了结历史旧账。并称，此次会面对日后对话将起到积极作用。特朗普则说，这是"历史性一天"。他对金正恩接受会面邀请表示感谢，表示美朝关系在过去一段时间得到很大改善。

会谈结束后，特朗普表示，朝美双方同意重启无核化谈判，双方代表将在两至三周内开始会晤。他同时提到了"希望解除对朝制裁"，并称在谈判时可能会出现"不同的事"。此次会面中，特朗普还对金正恩发出非正式邀约，希望邀请他访问白宫。

2020年3月22日 朝鲜劳动党中央第一副部长金与正当天就特朗普向金正恩致亲笔信，发表讲话。金与正指出：在朝美关系发展面临巨大难关和挑战之时，美国总统再次发来亲笔信，为继续保持同我们委员长同志结下的良好关系付出努力，这是"正确的判断、积极的行动，值得高度赞赏"。金与正说，特朗普在信中说明了他推动朝美关系发展的构思，并表示愿同朝方一道加强疫情防控领域合作。特朗普来信充分表明他同金正恩有着特殊、牢固的私人关系。尽管如此，不可由此来评判朝美关系及其发展，做出不切实际的期待。她进一步指出，"不能保障公正和平衡，不放弃过分的想法，两国关系将会每况愈下"。朝方盼望朝美关系能够像两国首脑关系一样变好，但这仍需时间来证明。

拓展阅读

为实现朝鲜半岛和平、繁荣和统一的板门店宣言

大韩民国总统文在寅和朝鲜民主主义人民共和国国务委员会委员长金正恩为了实现和平、繁荣、统一的民族夙愿，于朝鲜半岛迎来历史转折点的2018年4月27日在板门店"和平之家"举行了朝韩首脑会谈。两位领导人向八千万同胞和全人类庄严宣布，朝鲜半岛已经开启新的和平时代，不会再有战争。两位首脑怀着尽早终结冷战造成的长期分裂和对峙、勇于开创民族和解与和平繁荣新时代、积极改善和发展朝韩关系的坚定决心，在沉淀着历史的板门店发表如下宣言：

（1）朝韩将划时代地全面改善并发展双边关系，让民族血脉再相连，提前迎接共同繁荣和自主统一的未来。改善和发展朝韩关系是全民族始终不渝的梦想，也是时代的迫切要求，不容再拖。

1）朝韩确认民族命运自决的自主原则，将通过切实履行已经发表的共同宣言和已经达成的协议，开创改善和发展关系的新局面。

2）朝韩将尽快促成高级别会谈等各领域的对话和谈判，想方设法落实首脑会谈达成的共识。

3）朝韩将在开城地区设立双方官员常驻的朝韩共同联络事务所，以期加紧官方协商并确保民间交流合作顺利进行。

4）朝韩将为营造民族和解团结气氛而搞活各界各阶层在各领域的合作交流与人员往来，对内积极推动在6月15日等对朝韩都有重要意义的日子举行双方国会、政党、地方政府、民间团体等参加的全民族联合活动，对外联合参加2018年亚运会等国际赛事彰显民族的聪慧才智和团结面貌。

5）朝韩将努力解决民族分裂造成的迫切人道问题，举行朝韩红十字会会谈协商离散亲人团聚等问题，今年8月15日将举行离散亲人团聚活动。

6）朝韩将为实现民族经济的平衡发展和共同繁荣，积极落实《10·4宣言》所列项目，首先将采取切实措施连接并升级改造东海线及京义线铁路和公路。

（2）朝韩将共同努力，缓和半岛军事紧张，消除战争风险。

1）朝韩决定，在地面、海上、空中等一切空间，全面停止引发军事紧张和冲突的一切敌对行为。自5月1日起，在军事分界线一带停止包括扩音喊话、散布传单在内的一切敌对行为，撤走其工具，并将非军事区打造成和平地带。

2）朝韩决定，将西部海域北方界线一带打造成和平水域，防止突发性军事冲突，确保渔业生产安全。

3）朝韩将采取多种军事保障对策，促进互相合作交流、往来接触。为了及时迅速讨论并妥善处理双方之间的军事问题，朝韩将经常举行防长会谈等军事部门会谈，先于5月举行将军级军事会谈。

（3）朝韩将为在半岛构建牢固的永久性和平机制积极合作，终结半岛目前不正常的停战状态并建立牢固的和平机制是刻不容缓的历史使命。

1）朝韩再次确认不向对方动用任何形式武力的互不侵犯协议，并将严格遵守该协议。

2）朝韩决定，在消除军事紧张建立军事互信后，分阶段裁军。

3）朝韩决定，在《停战协定》签署65周年的今年宣布结束战争状态，推进停和机制转换，为建立牢固的永久性和平机制，努力促成朝韩美三方会谈或朝韩美中四方会谈。

4）朝韩确认通过完全弃核实现半岛无核化的共同目标。朝韩一致认为，朝方主动采取的一系列措施对半岛无核化具有重大而深远的意义，今后将各自尽责发挥应有作用。朝韩决定，为了赢得国际社会对半岛无核化的支持与合作积极努力。

两位领导人决定，通过定期会谈和拨通热线电话随时讨论民族重大事宜并巩固互信，为持续发展朝韩关系、实现半岛和平与繁荣、延续走向统一的良好势头而努力。

韩国总统文在寅将于今年秋天访问平壤。

2018年4月27日于板门店
大韩民国总统文在寅
朝鲜民主主义人民共和国国务委员会委员长金正恩

思考题

1. 简述中国在解决朝核问题中的角色和作用。
2. 朝鲜半岛问题的影响因素有哪些？

参考文献

[1] 王俊生．"双轨制"解决朝鲜半岛问题：内涵与路径[J]．战略决策研究，2017（5）：49-62．

[2] 刘秉虎，贾涵淅．探析"朝核问题"中的美国"因素"[J]．大连大学学报，2017（2）：27-34．

[3] 王晖，张玉山．美国"重返亚洲"战略对朝鲜半岛局势的影响[J]．社会科学战线，2014（7）：165-170．

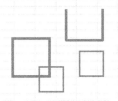

专题九
全球化背景下的国家安全

维护国家安全是任何一个主权国家肩负的重要使命，是国家追求的最高战略目标。随着全球化进程的不断深入，国家安全面临的局势错综复杂，一方面，传统的军事安全、政治安全仍然严峻；另一方面，经济安全、文化安全、信息安全、生态安全等非传统安全日益突出，逐渐成为影响国家安全的重要因素。传统安全和非传统安全交织在一起，使得各国维护国家安全的任务变得更加复杂和艰巨。

一、国家安全观念的演变

在全球化的历史进程中，国家安全也受到重大的影响。总的趋势是，全球化使传统意义上的安全即军事安全的地位下降，而经济安全的地位上升。全球化趋势导致相互依赖性的增强和国家之间合作的必要性，使得靠武力占领别国领土、掠夺别国资源来扩大生存空间的代价和效果发生了变化，使用武力的代价越来越大而好处越来越小。第二次世界大战后日本和德国复兴的经验表明，它们不是作为军事大国，而是作为经济大国自立于世界民族之林的，它们从科学技术和商贸活动中得到的好处远比其前辈从侵略和征服中得到的要多得多。

（一）"国家安全"的概念

国家安全就是一个国家处于没有危险的客观状态，也就是国家既没有外来的威胁和侵害，又没有内部的混乱和疾患的客观状态，这是国家安全的基本含义。当前，国家安全是一个涉及政治、经济、军事、文化、科技、社会等全方位综合性的安全概念。其中"没有外来的威胁和侵害"和"没有内部的混乱和疾患"是国家安全的两个方面。维护国家安全，就是要维护国家和民族的生存、主权、领土、社会制度、社会准则、生活方式，以及社会政治、经济、科技、军事等利益不受威胁。

（二）从"传统安全"到"非传统安全"的演变

全球化时代，影响国家安全的因素除了传统的政治、军事外，经济对国家安全的影响越发具有决定意义，而科学技术、生态环境、文化等因素对国家安全的影响也越来越不容忽视。随着影响国家安全因素的不断增多，国家安全的构成也随之拓展，已从传统的政治、军事安全领域扩大到经济、科学技术、生态环境、文化等非传统安全领域。如果把国家安全看作一个系统的话，它是由政治安全、国土安全、军事安全、经济安全、科技安全、生态安全、文化安全、信息安全等要素构成。

1．传统安全

传统安全观以主权国家为基本安全单元，以解决军事安全和政治安全为主要内容，以行使武力或以武力相威胁为基础，以加强军备为手段。这种安全观自主权国家诞生之日起出现，于两极格局对峙时期为盛。传统安全观认为国际社会处于无政府状态，国家是国际社会的主要行为体，国家的国际目标是谋取最高权力，国家安全也主要限于军事领域，军事实力是维护国家安全的主要手段，国家的军事力量越强大，维护国家安全的能力也越强。因此，国家所关注的焦点是如何应对外来的战争威胁和军事入侵，以军事力量支撑的国家生存安全更是构成了国家安全的主要方面。

2．非传统安全

一般情况下，把不同于侧重军事、政治安全的新的安全称为非传统安全，它主要包括经济安全、生态安全、信息安全、人才安全、文化安全等。非传统安全提出的背景十分复杂，既是对安全问题认识不断深化的结果，也是全球化步伐加快、科学技术不断进步所导致的。目前，世界各国纷纷将非传统安全纳入国家战略范畴，予以高度重视。

第二次世界大战结束以来，随着科学技术不断进步，经济全球化趋向日益加深，传统安全对国家安全的威胁有所下降，非传统安全的影响和作用开始凸显，并在冷战结束后逐渐受到世界各国理论界及政界的关注。冷战结束后，一系列多元、复杂而又不为人们熟悉的安全议题，如种族冲突、大规模杀伤性武器扩散、艾滋病的蔓延，以及全球生态系统的破坏等，威胁着人类的生存和发展。尤其继美国"9·11"事件等以后，各国更将非传统安全问题提上了本国的安全战略议程。这些安全议题的出现，难以用传统的军事手段来解决。美国著名政治学家约瑟夫·奈深刻指出，"在当今全球化时代，我们比以往任何时候都无法通过保卫我国边境以保卫我们的祖国"。也就是说，虽然军事手段还是维护国家安全的重要手段，但已经不是唯一的手段了，使用军事力量的代价和效果已经发生了变化，经济相互依存、国际制度和非国家行为体等所起的作用可能会更大。经济、政治、科技、文化等多种手段的综合运用成为实现国家安全的重要保证。即使运用军事手段，也必须受到严格的限制。同时，国家不再是安全的唯一主体，联合国、国际红十字会、跨国公司等非国家行为体，甚至是个人，正在越来越多地卷入到世界重大政治问题中。国际恐怖主义活动就是集团、个人（而不是国家）在全球使用武力和暴力对主权国家的合法权利提出挑战的一个现实例证。大量非国家安全行为体的出现，说明新的时期国家安全是由不同层次多种安全主体、多种安全要素构成的复杂的安全体系，维护国家安全理应从更大的视野、更宽的视角、更广的领域着手。

二、当前我国面临的安全形势

全球化已成为现代社会发展的一种不可逆转的趋势，全球化加速了资本、生产要素等在全球范围的优化配置，给我国提供了新的发展机遇，但同时也使我国的发展面临前所未有的冲击和挑战，这其中自然包括对国家安全的挑战。全球化不仅使传统的军事安全、政治安全仍然面临严峻挑战，而且随着全球化进程的不断深入，经济安全、文化安全、信息安全、生态安全、生物安全等非传统安全问题日益突出，日益成为影响国家安全的重要因素。

（一）国防安全仍然是国家安全的支柱

随着全球化的发展，国家安全的内容发生着变化。但是，国防安全仍是国家安全的重中之重。它包括国家的主权、领土不受侵犯。领土完整是国家独立的重要标志，是国家主权、国家安全的重要组成部分。领土主权是国家主权的核心，是国家政治安全和建立独立平等的国际关系的基础。所谓领土安全，其内涵是指领土与领土主权不受侵犯和威胁，领土不被占领、不被分裂、不被分割或兼并，其外延包括国际法规定的专属经济区和大陆架的自然资源所有权与管辖权不受侵犯和威胁。

21 世纪中国面临的国防安全问题主要有南海问题、台湾问题还有钓鱼岛问题。对我国来说，最显著的就是海洋权益受到威胁，边界纷争不断。虽然所谓南海国际仲裁以闹剧收场，然而美军在南海海域时常打着"航行自由"的名义进行所谓"巡航"，"高调"炫耀美军舰在南海的"存在"，一再加剧南海的不平静。东海方向中日双方围绕钓鱼岛的斗争，已经从初期的法理斗争扩展到实际维权斗争，从海上斗争扩展到空中斗争，从执法力量斗争扩展到军事力量斗争，从双方斗争扩展到多方斗争。台湾自蔡英文当选以来两岸关系日益紧张，蔡英文不仅拒绝承认包含一中政策的"九二共识"，而且挟洋自重不断恶化台海关系。2020 年 3 月 4 日，美国众议院以全票通过了"台北法案"。"台北法案"的内容是：强化"台美"伙伴关系，包括美国支持台湾巩固所谓"邦交国"，与其他国家发展非正式伙伴关系，支持台湾参与国际活动，推动双方经济贸易谈判等。美方行为实质就是鼓励台独，挑动台湾与大陆对抗。

除了领土争端摩擦比较多，日益增长的恐怖主义和分裂主义的威胁也在增加不确定的因素，像"台独""东突""藏独"这样的内部分裂势力和外部反华势力是形成国防安全威胁的主要因素。2019 年的中国国防预算数字为 11 899 亿元，相比 2018 年增长约 7.5%。我们的国防预算总额居全球第二，但也只是美国的 25% 左右，相对于世界其他主要国家，我们的国防投入无论是占 GDP 的比重，还是国民人均、军人人均军费，都是比较低的。在联合国安理会五个常任理事国中，我国军费占 GDP 的百分比是最低的。美国大多数时候超过 4%，在阿富汗和伊拉克战争时期超过了 4.5%，俄罗斯和英国为 3%～4%，法国为 2%～3%，而我们国家只有不到 1.5%。

国防费规模的确定，既要适应国家经济社会发展水平，也要适应国防需求。国家安全需要有多大，国防投入就有多大；国家利益延伸到哪里，国防投入就跟进到哪里，这是考虑国防投入必须遵循的规律。中国国防费增长需求是由不断上升的国家安全需求决定的，从某种程度上讲，国防费增长是"刚性需求"。这种"刚性需求"至少表现在以下 6 个方面：是维护国家主权、安全和发展利益的需求；是适应国家安全战略、军事战略发展的需求；是适应世界新军事变革的需求；是适应国家经济社会发展的需求；是适应深化国防和军队改革的需求；是适应军队任务拓展、承担更多国际义务的需求。我军正处于机械化、信息化复合发展的关键期，深化改革的攻坚期，必须保持国防投入的持续适度增长。中国作为一个负责任的发展中大国，正承担起越来越多的国际责任和义务，不断加大"走出去"步伐。国际维和、联合反恐、国际灾难救援、护航行动等，都需要更多的财力和物质保障。

历史告诫我们：从大国到强国的转变，经济强国是基础，军事强国是根本。和平时期，经济建设是世界发展的主流，爆发世界大战的可能性越来越小，但人类社会战争的根源并没有消除,从伊拉克到阿富汗,从巴勒斯坦到以色列,从沿海到内陆,从东到西,当前局部战争仍然不断,各种政治力量及纷争不断,将来局部战争仍会发生。因此,发展国防科学技术,建立强大的国防,以应对可能的战争的需要,依然是各国的一项重要战略任务。

(二)经济安全是国家安全的基础

冷战结束后,世界范围内的军备竞赛被以发展经济为主的综合国力竞争所代替,经济安全取代政治安全、军事安全,成为国家安全的核心,如何维护国家的经济安全显得尤为重要。

所谓国家经济安全,是指经济全球化时代一国保持其经济存在和发展所需资源有效供给、经济体系独立稳定运行、整体经济福利不受恶意侵害和非可抗力损害的状态和能力,即一国的国民经济发展和经济实力处于不受根本威胁的状态。从广义上来看,经济安全包括资源能源安全、金融安全、粮食安全、科技安全、产业与贸易安全等诸多方面的内容。

中国目前的经济局势总体上还比较安全,近几年一直保持稳定的增长。但随着全球化进程的不断深入,在各国经济的相互依存和竞争中,中国的经济安全仍然面临着潜在的威胁。

1. 核心技术与自主品牌的发展瓶颈

改革开放 40 多年来,中国已建立起世界上较完备的工业体系,拥有品类齐全的制造业产业链。但在发展的过程中,由于前段"粗放型"的发展,各类别产业发展利润分配欠科学,金融、证券市场乱象丛生,导致我国"虚拟经济"与"房地产"市场的野蛮生长,使我国实体经济发展受到严重挤压,许多企业科技创新投入不足,又加上科技创新机制欠完善,造成我国在芯片、飞机发动机、超精密机床、新材料、生物医药、OLED 面板等核心科技领域上依旧受制于人。近些年,虽然我国在墨子"传信"、神舟飞天、高铁飞奔、"天眼"探空、北斗组网、超算"发威"、大飞机首飞、集成电路赶超等创新上呈跨越式发展,但目前中国仍有许多产业像电子产业一样,核心技术仍被外企垄断,"缺芯少魂"没有得到根本性转变。

在全球产业变革与科技日新月异的国际竞争时代,中国企业要想迈向全球价值链中高端环节,实现高质量发展,我们大中小型企业,就必须规避"传统式"组装加工发展模式,倾力培育企业自主技术创新与品牌经营创新能力。突破中国企业在核心技术与民族自主品牌上的发展瓶颈,才是我们从制造大国迈向制造强国与品牌强国的要诀所在。

2. 发达国家引发人才争夺战略

掌握先进科学技术的科技人才是影响国家科技和经济安全的关键。这方面西方国家特别是美国与我国展开了激烈的人才争夺战。美国是当今世界上人才流动的最大聚集点。为了尽可能地吸引世界各国的优秀人才,美国建立了一整套相当完善的、其他国家难以企及的吸引人才和使用人才的机制。

虽然,近几年由于中国经济持续稳定增长,呈现出一定程度的人才回流,但仍有许多人才滞留在国外。得人才者得天下,在这场人才大迁徙中,美国则是全球最大的受益者。由于发展中国家的教育滞后和人才外流,广大发展中国家普遍缺少科技和管理人才。科技人才流失正削弱我国自主科技创新的基础。

3．金融安全面临着严峻考验

金融安全可以说是经济安全的核心，它已成为与传统海权和陆权同样重要、影响地缘政治的战略要素。金融动荡对一个国家造成的打击不亚于一场战争。早在一个世纪以前列宁就曾经说过，摧毁一个国家政权最有效的手段之一就是摧毁它的货币体系。东南亚金融危机就是很好的例证。历史上，美国曾利用各类金融手段牵制苏联、遏制日本以及应对欧洲一体化的挑战。如今，以金融"敲打中国"正成为美国遏制中国崛起的一项战略选择。

（三）全球化对我国政治安全的挑战

政治安全是指在一定的环境和条件下，国家主权、领土疆域、民族尊严、意识形态、国家制度和权力体制等方面的国家利益和国家安全的自主和免受各种干扰、侵袭、威胁和危害的状态。一般认为，政治安全的内涵主要包括国家主权安全、政治制度安全、意识形态安全和社会政治秩序安全四个要素。政治安全是国家安全的根本，任何一个国家只有在其国家主权和意识形态不受颠覆和危害的前提下，才能得到更好的发展。我国的国家安全环境中，政治安全的核心是党的领导的有效性（权威性）和执政地位的稳定。

对社会主义国家来说，影响政治安全的因素，可以按矛盾性质分为两大类：敌我矛盾和人民内部矛盾。敌我矛盾，包括西方敌对势力以及国内颠覆势力和国家政权之间的矛盾。人民内部矛盾，包括人民群众之间的利益矛盾，以及人民群众与党和政府之间的关系问题。

我国正处于社会发展的重要战略机遇期，同时又是利益格局深刻调整、思想观念深刻变化、矛盾问题多发期，这就决定了正确认识和处理人民内部矛盾，密切党群关系，是巩固我们党的执政地位和实现国家政治安全的一项根本任务。另外，以美国为首的西方国家借全球化的名义，散布"政治多元化""经济私有化""军队非党化""领土分治化""生活西方化""人权高于主权"等论调，企图"西化""分化"中国。它们不愿意看到一个社会制度、意识形态与西方完全不同的中国发展壮大，一直采取各种手段对我国实施"西化""分化"战略。近年来，美国利用台湾问题、西藏问题、人权问题等，屡屡发难，其根本目的就在于实现其"西化""分化"中国的政治图谋。尤其值得注意的是，随着中国在新世纪越来越深地融入全球化，以美国为首的西方国家利用经济手段来达到政治目的的倾向会进一步加强。它们利用中国在资金、技术等方面对发达国家的需求，提出种种政治要求，并时不时以经济制裁相威胁，企图通过经济手段干涉中国的内政。因此，今后我们在与西方大国发展合作关系的同时，对西方敌对势力在渗透与反渗透、颠覆与反颠覆方面的斗争是长期和复杂的，有时甚至是十分尖锐的。

（四）文化安全是国家安全的前提

文化安全是指保护本国优秀的传统文化和价值观免遭异国有害文化的渗透和侵犯。国家文化安全是主权国家安全体系的重要而特殊的组成部分，维护国家文化安全，促进民族文化认同，对于形成和增强民族凝聚力，增加综合国力，提升我们战胜各种困难的信心和勇气，防止各种各样的文化渗透和侵略，稳定国内政治环境都具有非常重要的意义。

文化全球化，主要是美国文化，借助于这些新的机制，成功地渗透到全球的每一块地方，对其本土文化造成缓慢的然而却是重大的影响，从根本上起着重塑人们文化经验、文化认同和生活方式的作用。因此,从后果方面来看,文化全球化明显是强势文化,主要是美国文化在世界范围内的不断扩展,而不是多元文化的平等交流与互动,以至于从总体上对国家文化安全构成了一种挑战和威胁。

正如著名文学理论家萨义德所说:"在我们这个时代,直接的控制已经基本结束。我们将要看到,帝国主义像过去一样,在具体的政治、意识形态、经济和社会活动中,也在一般的文化领域中继续存在。"

20世纪80年代以来,西方国家利用我国改革开放、社会转型发生深刻变化的时机,不断加大"和平演变""文化渗透"的力度。一方面,它们通过新闻媒体以及交流几乎不受地理意义上国界限制的网络,构筑对华文化包围圈,全方位、立体化地加强文化攻势,宣扬美化西方的人权、民主、价值观和生活方式,并在经济、文化、宗教交流中进行文化渗透,其本质就是要通过文化殖民,对中国进行和平演变,通过"麦当劳"式的"文化新殖民主义",传播西方价值观、西方的民主及人权,鼓吹拜金主义、享乐主义和个人主义,企图通过潜移默化的影响,使中国人特别是年轻一代失去精神支柱,失去凝聚力和向心力。另一方面,它们在美化自己的同时,通过支持出版政治性非法图书,污蔑破坏我国领导人的形象,极力丑化中国的国际形象,进而否定中国共产党领导的合法性,最终否定社会主义制度。而且,西方对中国的文化渗透的力度会不断增大,其渗透的途径会更加多样,文化领域、意识形态领域的争夺会更加激烈。

20世纪80年代末苏东事件的爆发在很大程度上被认为是以美国为首的西方国家从文化上长期对苏联及东欧社会主义国家实行渗透、宣传和颠覆的"硕果"。当前,威胁中国国家安全的"三独"势力("台独势力""疆独势力"和"藏独势力")在图谋分裂国家的战略和策略上也采用了不同形式的文化分裂主义。与主要诉诸极端文化本土化的"文化台独"不同,海内外的一些"疆独势力"和"藏独势力"主要选择了极端的民族主义和文化原教旨主义作为解构和重塑广大新疆维吾尔自治区人民和西藏自治区人民民族认同和国家认同的思想武器。

台湾岛内的"台独"势力为了达到分裂祖国的目的,不断地制造"文化台独"。早在20世纪五六十年代,"台独"分子在海外就出版了《台湾人四百年史》这类宣传品。自蔡英文当局上台以来,在"法理台独"前途渺茫、无路可走的情况下,"文化台独"愈演愈烈,废止课纲微调、撤除台北"故宫"南院十二兽首陈列、拆除台湾抗战纪念碑、重建"原民史观"……引起海峡两岸人民广泛关注。作为海峡两岸最大公约数的文化认同,可以说是两岸和平发展的稳固基石。蔡英文当局推行"文化台独",对这一基石造成了重大损害。

(五)信息安全是国家安全的保障

国际社会普遍认为,网络空间现已成为领土、领海、领空和太空之外的第五空间,是国家主权延伸的新疆域。当前,全球正处于网络空间战略的调整和变革时期,多个国家调整信息安全战略,明确网络空间战略地位,并提出将采取包括外交、军事、经济等在内的多种手段保障网络空间安全。美国明确提出将战略威慑作为未来重点,声称保留使用所有必要手段的权力,对网络空间的敌对行为做出反应。俄罗斯、英国、法国、德国等国家也都将网络攻击列为国家安全的主要威胁之一。可以预见,全球新一轮网络空间备战将逐渐加快,网络空间主导权的争夺将更加激烈,世界将进入一个网络争霸的新时代。

众所周知，互联网发源于美国，体现的主要是美国的价值观，并且被美国所掌控：互联网域名和 IP 地址分配由美国的互联网名称与数字地址分配机构（ICANN）垄断，全球 13 个根服务器上的 IP 地址信息，它都可以掌握。从技术角度上讲，它可以监控或中止特定使用者的通信。美国在互联网管理上的"一股独大"，实际上令其他国家接入互联网、享受便利的同时也拱手让出了部分通信主权。

在匿名网络攻击逐渐被看作"国家威胁"的趋势下，各国政府纷纷将战略眼光投向网络安全。作为世界上第一个引入"网络战"概念的国家，美国率先建立了新军种"网军"，并于 2010 年 5 月正式建立了"美国网络司令部"。4 个月后，美国即与 12 个国际伙伴开展了为期 3 天的网络攻击联合演习。2012 年，北约更是大力投入网络安全：德国制定了《德国网络安全战略》，并成立了国家网络防御中心；美国首次发布了《网络空间国际战略》；英国国务大臣发表文章首次承认英国在加强"网络战"的力量，建设和研发网络武器。而自 2011 年 10 月发布《国家网络安全计划》后，英国政府随即拨付了超过 10 亿美元的专项资金。据美媒 2015 年 4 月 23 日报道，美国国防部公布了新版网络安全战略概要，在概要中首次公开表示美国军方将把"网络战"用作针对敌人的作战方法。这一长达 33 页的概要指出，"美国国防部可以开展网络行动来破坏敌人的指令和与军方相关的关键基础设施、武器"。

2013 年美国的"棱镜门"事件再次证明世界网络安全的严峻性。在此事件的催化下世界各国都加快投入巨资优先发展信息安全技术和产业。如德国总理默克尔与法国前总统奥朗德探讨建立欧洲独立互联网，拟从战略层面绕开美国以强化数据安全。作为中国的邻国，日本和印度也一直在积极行动。日本于 2013 年 6 月出台《网络安全战略》，明确提出"网络安全立国"。印度于 2013 年 5 月出台《国家网络安全策略》，目标是"安全可信的计算机环境"。

面对全球网络戒备的态势，建设"坚固可靠"的国家网络安全体系，是中国必须做出的战略选择。党中央着眼于中国未来发展，高瞻远瞩，深谋远虑，对网络安全和信息化建设进行了与中央全面深化改革领导委员会和中国国家安全委员会同规格的顶层设计，这一安排有着非常重要的战略意义。

党的十八大以来，以习近平同志为核心的党中央坚持从发展中国特色社会主义、实现中华民族伟大复兴中国梦的战略高度，系统部署和全面推进网络安全和信息化工作。我国互联网发展和治理不断开创新局面，网络空间日渐清朗，信息化成果惠及亿万群众，网络安全保障能力不断增强，网络空间命运共同体主张获得国际社会广泛认同。

（六）生态安全是国家安全的重要组成部分

"生态安全"一词是 20 世纪后半期提出的概念，是"一个国家赖以生存和发展的生态环境处于不受或少受破坏与威胁的状态"，通常具有两重含义：一是指生态系统自身是否安全，即其自身结构是否受到破坏，功能是否健全；二是指生态系统对于人类是否安全，即生态系统所提供的服务是否能满足人类生存发展的需要。我国在 2000 年发布的《全国生态环境保护纲要》中，第一次明确提出了"维护国家生态环境安全"的目标。

包括生态安全在内的新安全观形成于 20 世纪 80 年代，它超越了传统安全观，认为对安全的威胁并非只来自军事，生态安全已成为影响国家安全和个人人身安全的重大因素。党的十九大报告深刻阐述了生态安全的重要性，指出要"坚定走生产发展、生活富裕、生态良好的文明发展道路，建设美丽中国，为人民创造良好生产生活环境，为全球生态安全做出贡献。"在生态环境已成为关系党的使命宗旨的重大政治问题和关系民生的重大社会问题的情况下，充分认识生态安全的重要性，有助于完善国家安全体制和安全战略，夯实生态安全这个国家安全体系的重要基石。

（七）国家安全新增领域——生物安全

新冠肺炎疫情，是新中国成立以来在我国发生的传播速度最快、感染范围最广、防控难度最大的一次重大突发公共卫生事件。2020年2月14日，习近平总书记在中央全面深化改革委员会第十二次会议上强调："要从保护人民健康、保障国家安全、维护国家长治久安的高度，把生物安全纳入国家安全体系，系统规划国家生物安全风险防控和治理体系建设，全面提高国家生物安全治理能力。"至此，我国国家安全领域主要包括政治安全、国土安全、军事安全、经济安全、文化安全、社会安全、科技安全、信息安全、生态安全、资源安全、核安全和生物安全等领域。在全国抗击新冠肺炎疫情的背景下，将生物安全上升到国家安全的高度，备受各界瞩目，中国已然在布局国家生物安全的"防火墙"。

我国生物安全形势日趋严峻。作为世界生物多样性最丰富的国家之一，随着经济全球化的加剧和国际交流的增多，我国面临的生物安全形势日趋严峻。野生动物疫病、林业入侵生物等，涉及面广、主体多、安全隐患潜伏期长，危害尤为长远。此外，越来越多的传染病，特别是新发传染病，不断突破野生动物宿主屏障，对公共安全构成威胁。

习近平表示，要尽快推动出台生物安全法，加快构建国家生物安全法律法规体系、制度保障体系。中国已于2019年正式启动生物安全法的立法进程，当年10月，全国人大常委会对生物安全法草案进行了初次审议。这部旨在填补领域空白的法律草案，明确了立法的根本思路：维护国家生物安全是总体要求，保障人民生命健康是根本目的，保护生物资源、促进生物技术健康发展、防范生物威胁是主要任务。

综上所述，当前我国的国家安全面临严峻挑战，一方面，传统的军事安全、政治安全、国土安全仍然严峻；另一方面，随着全球信息网络的迅猛发展，随着全球生态环境的恶化，经济安全、文化安全、信息安全、生态安全、生物安全等非传统安全日益突出。传统安全和非传统安全交织在一起，使得我国维护国家安全的任务变得更加复杂和艰巨。

三、大学生国家安全教育

大学生是社会主义事业的建设者和接班人，是国家的未来和希望，同时也是西方敌对势力推行"和平演变"战略争夺的目标。因此，大学生的国家安全意识如何将直接决定着国家的前途和命运，意义重大。高校担负着为国家培养人才的历史重任，也是对大学生进行国家安全教育，增强大学生国家安全意识的主阵地。多年来，高校在党中央相关部门的领导下，认真贯彻落实中共中央关于加强大学生国家安全教育的方针，不断加强对大学生进行国家安全教育，并取得了可喜的成绩，但由于我国的国家安全教育起步较晚，国家安全教育研究尚显不足，大学生国家安全教育仍存在一些亟待解决的问题。

（一）当代大学生的国家安全意识现状

当代大学生的国家安全意识现状决定了对其进行国家安全教育具有紧迫性。

1. 当前大学生国家安全知识缺乏，对国家安全的概念存在模糊认识

当前，国家安全是一个涉及政治、经济、军事、文化、科技、社会等全方位综合性的安全概念，既包括国土安全、政治安全、军事安全等"传统安全"，也包括经济安全、文化安全、科技安全、信息安全、生态安全、生物安全等"非传统安全"。只有全面认识、理解国家安全的概念，才能帮助大学生增强国家安全意识。但是，当前相当一部分大学生对国家安全存在一些模糊的认识，主要表现在：①对国家安全还停留在军事、战争、国防等一些传统的局部的认识上，对信息安全、生态安全等"非传统安全"在维护国家安全中的地位缺乏认识。②对国家安全机关的职能、性质或一无所知，或知之甚少，甚至还有错误认识。很多大学生把国家安全等同于情报、间谍机关的活动，一谈到国家安全，很多大学生就会联想到美国的中央情报局、联邦调查局，苏联的克格勃以及我国的国家安全部等。③大部分大学生不清楚自己在维护国家安全方面应承担什么义务，因此缺乏防范心理和斗争方法。综上所述，目前我国大学生的国家安全知识比较缺乏，对国家安全认识不足，这种状况会导致大学生不能自觉地把维护国家安全与自身的责任联系起来。因此，加强大学生的国家安全教育，培养大学生的国家安全意识已刻不容缓。

2. 自我意识膨胀，奉献精神低迷

改革开放和社会主义市场经济的发展，带来了物质的丰富和市场的繁荣，但给人们的理想、信念、价值取向也带来了强烈的冲击。市场经济中的追逐利润、等价交换原则不同程度地使一些人出现消极的价值取向，在为人为己、奉献与索取等问题的选择上，思想天平明显向个人倾斜，这种风气势必影响大学生的价值取向。很多大学生消费欲望不断膨胀，刻意追求享乐、拜金主义盛行、奢靡之风日盛，居安不思危，社会责任感趋于淡薄。这些在客观上起到了削弱国家安全的作用。

3. 保密意识不强

当前我国的大学生保密观念淡薄是不争的事实。大学生在校期间，特别是高年级学生和研究生，在导师的指导下，会参与一些保密项目的研究，他们毕业后要走向社会甚至流向国外，由于个人的保密意识不强，国家保密有效管理机制尚不健全，保密体系不健全等，这种人才流动将对国家秘密和学校内部技术秘密造成侵害，其中最大的影响是流向国外。同时，随着我国改革开放和科学技术事业不断取得辉煌成效，不少国家针对我国实施的情报工作愈演愈烈，窃取手段五花八门，或是广泛采取从我国公开发行的报纸、杂志、官方报告等材料中获取所需情报的手段，或是以学术交流、朋友交往的名义来收集信息，在谈笑风生、觥筹交错间，大量的国家机密就泄露出去了。针对当前情报工作的复杂局势，加强大学生的保密意识，也是做好大学生国家安全教育的重要内容之一。

（二）加强大学生的国家安全教育

1. 构建多渠道、全方位的大学生国家安全教育格局

加强大学生的国家安全教育，不是一时一事的突击性活动，也不仅是一种单纯的知识传授和情况通报，而是一种政治性、战略性和实践性很强的思想政治教育活动，需要多渠道、全方位地对大学生实施国家安全教育。首先，在内容上，将国家安全教育的相关内容融入相关课程中，发挥课堂主渠道的作用，注重增强教育的针对性，包括：①将国家安全教育与形势政策教育相结合。目前，高校普遍开设"形势与政策"课，很多高校利用"形势与政策"课，在对当前国际、国内形势的热点和重点问题的宣讲中，进行国家安全教育，使大学生了解我国的安全局势，增强对国家安全的忧患意识。②将国家安全教育与法律基础课教学相结合。把宣讲《国家安全法》和相关的法律、法规作为法律基础课教学的一项内容。使学生了解、掌握《国家安全法》的相关内容，增强国家安全的法制意识，自觉遵纪守法，并依法同一切危害国家安全的犯罪活动做斗争。③将国家安全教育与职业道德教育相结合。把引导大学生树立职业道德意识与国家安全意识结合起来，自觉遵守职业道德、职业纪律，无论将来从事何种工作，都将以国家安全利益为重，自觉承担起维护国家安全的责任与义务。其次，在教学环节上，将国家安全教育与入学教育、毕业教育，以及在校期间的日常教育活动相结合，把国家安全教育渗透到学生在校期间的全过程。最后，在方法上，注重理论讲解与案例分析相结合、配套文字教材与现代教育技术的运用相结合，以及课堂教学与课外活动相结合等，努力探索灵活多样的课堂教学方法，提高大学生国家安全教育的实效性。

2．大学生的国家安全教育目标

大学时代是一个人知识增长和积累的黄金时代，也是一个人世界观、价值观、人生观形成的重要时期，因此大学生时代的国家安全教育是国家安全意识养成的最重要的时期。在这一阶段，大学生的思维已发展为具有一定的深度和广度的理论思维和辩证思维，思维的独立性和批判性显著提高，情感发展上内容日趋丰富，体验日趋深刻，更具社会性，自我意识发展已具"成人感"，不断认识自我和发展自我。大学国家安全教育要针对大学生思想及心理发展的特点，遵循主体探究、知行统一、理性升华的规律，对大学生进行国家安全理论知识教育，使其从理性上对国家安全的内涵和外延有较全面的理解和掌握；要全面提高大学生国家安全意识，包括增强国防意识、风险意识和危机意识，使大学生能够始终树立国家主权和国家利益高于一切的信念，具有忠于祖国、献身人民的自觉性和责任感；帮助大学生熟悉有关国家安全的活动、政策、法律、法规，使其善于识别各种伪装，自觉抵制不良思潮的侵袭；培养大学生逐步学会运用辩证唯物主义和历史唯物主义的立场、观点、方法，认识、分析国际安全形势以及本国国家安全中的各种问题；通过心理教育和实践，使学生在面对国家安全威胁时能保持良好心态，做出独立的判断和决定，减少从众心理，敢于承担困难和挫折，具有较强的心理调适能力和抗挫折能力。

拓展阅读

关于国家安全，习近平这些话字字千钧

安，于民而言，乃人之根本，安居乐业、幸福安康……

安，于国而言，亦是如此，安邦固本、长治久安……

当今世界，安全的内涵和外延更加丰富，时空领域更加宽广，各种因素更加错综复杂。回顾习近平在不同场合就国家安全发表的一系列讲话，更能体会到：实现中华民族伟大复兴的中国梦，保证人民安居乐业，国家安全是头等大事。

当前我国国家安全内涵和外延比历史上任何时候都要丰富，时空领域比历史上任何时候都要宽广，内外因素比历史上任何时候都要复杂，必须坚持总体国家安全观，以人民安全为宗旨，以政治安全为根本，以经济安全为基础，以军事、文化、社会安全为保障，以促进国际安全为依托，走出一条中国特色国家安全道路。

——在中央国家安全委员会第一次会议上的讲话，2014年4月15日

国家安全是安邦定国的重要基石，维护国家安全是全国各族人民根本利益所在。

——在中国共产党第十九次代表大会上的报告，2017年10月18日

"备豫不虞，为国常道"。当前，我国正处于一个大有可为的历史机遇期，发展形势总的是好的，但前进道路不可能一帆风顺，越是取得成绩的时候，越是要有如履薄冰的谨慎，越是要有居安思危的忧患，绝不能犯战略性、颠覆性错误。面对波谲云诡的国际形势、复杂敏感的周边环境、艰巨繁重的改革发展稳定任务，我们既要有防范风险的先手，也要有应对和化解风险挑战的高招；既要打好防范和抵御风险的有准备之战，也要打好化险为夷、转危为机的战略主动战。我们要继续进行具有许多新的历史特点的伟大斗争，准备战胜一切艰难险阻，朝着我们党确立的伟大目标奋勇前进。

——在新进中央委员会的委员、候补委员和省部级主要领导干部学习贯彻习近平新时代中国特色社会主义思想和党的十九大精神研讨班上的讲话，2018年1月5日

我们要践行共同、综合、合作、可持续的安全观，摒弃冷战思维、集团对抗，反对以牺牲别国安全换取自身绝对安全的做法，实现普遍安全。

——在上海合作组织成员国元首理事会第十八次会议上的讲话，2018年6月10日

当前，世界大变局加速深刻演变，全球动荡源和风险点增多，我国外部环境复杂严峻。我们要统筹国内国际两个大局、发展安全两件大事，既聚焦重点、又统揽全局，有效防范各类风险连锁联动。要加强海外利益保护，确保海外重大项目和人员机构安全。要完善共建"一带一路"安全保障体系，坚决维护主权、安全、发展利益，为我国改革发展稳定营造良好外部环境。

——在省部级主要领导干部坚持底线思维着力防范化解重大风险专题研讨班开班式上的讲话，2019年1月21日

我多次说过，没有网络安全就没有国家安全；过不了互联网这一关，就过不了长期执政这一关。

——在十九届中央政治局第十二次集体学习时的讲话，2019年1月25日

人类今天所处的安全环境仍然堪忧，地区冲突和局部战争持续不断，恐怖主义仍然猖獗，不少国家民众特别是儿童饱受战火摧残。我们要秉持共同、综合、合作、可持续的新安全观，摒弃冷战思维、零和博弈的旧思维，摒弃弱肉强食的丛林法则，以合作谋和平、以合作促安全，坚持以和平方式解决争端，反对动辄使用武力或以武力相威胁，反对为一己之私挑起事端、激化矛盾，反对以邻为壑、损人利己，各国一起走和平发展道路，实现世界长久和平。

——为建设更加美好的地球家园贡献智慧和力量——在中法全球治理论坛闭幕式上的讲话，2019年3月26日

要从保护人民健康、保障国家安全、维护国家长治久安的高度，把生物安全纳入国家安全体系，系统规划国家生物安全风险防控和治理体系建设，全面提高国家生物安全治理能力。要尽快推动出台生物安全法，加快构建国家生物安全法律法规体系、制度保障体系。

——在中央全面深化改革委员会第十二次会议上的讲话，2020年2月14日

思考题

1. 国家安全观念在全球化背景下发生了怎样的演变？
2. 我国国家安全形势面临怎样的挑战？

 参考文献

[1] 跃进．国家安全学[M]．北京：中国政法大学出版社，2004．

[2] 顾海兵，李长治，等．中国经济安全年度报告：监测预警 2018[M]．北京：中国人民大学出版社，2019．

[3] 戴维·赫尔德．全球大变革——全球化时代的政治、经济与文化[M]．杨雪东，等译．北京：社会科学文献出版社，2001．

[4] 葛全胜，方修琦，张雪芹，等．20 世纪后半叶中国地理环境的巨大变化[J]．地理研究，2005，24（3）：345-358．

[5] 高祖贵，深刻理解和把握总体国家安全观[N]．人民日报，2020-04-15（9）．

[6] 赵丽，筑牢生物安全法律屏障保障国家安全[N]．法制日报，2020-03-03（4）．

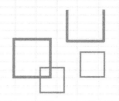

专题十
全方位布局中国特色大国外交

在世界进入大发展、大调整、大变革的时代,中国同世界的关系也正在发生深刻变化。在中共十九大会议上,中共中央总书记习近平指出,经过长期努力,中国特色社会主义进入了新时代。推动建设新型国际关系,促进构建人类命运共同体,是新时代中国大国外交的鲜明特色。

一、新时代中国大国外交的鲜明特色

党的十八大以来,以习近平同志为核心的党中央基于自身外交实践和探索,开拓进取、不断创新,形成了具有中国特色的大国外交。随着中国国际地位的提升,其在国际事务中发挥的作用也更加突出。

(一)提出外交工作总体目标,确定崭新的国家定位

长期以来,中国的自我定位一直是"发展中国家""东亚的地区大国"。这样的"地区大国"的定位是基于中国长期发展落后的整体国情,相应的中国的外交目标也主要是为国内的经济发展保驾护航,这显然是一种处于守势的外交姿态。今天,随着中国与世界各地经贸联系的加强,中国经济和安全纷纷"走出国门",中国国家利益变得日益"全球化"。新一届中央领导集体履新以来,首次提出了中国的外交工作总体目标,即"构建具有中国特色的大国外交",明确指出了中国的世界大国定位,也指出了中国外交必须服务于中华民族的伟大复兴。

从"中国梦"到"外交工作总体目标"是中国外交服务于中国国家发展的重要体现。2012年11月,习近平总书记在参观"复兴之路"展览时,提出了实现中华民族伟大复兴的"中国梦"。2014年11月28—29日,中央外事工作会议在北京举行,习近平总书记在会上发表重要讲话,这次讲话首次提出了中国外交工作总体目标,即"高举和平、发展、合作、共赢的旗帜,统筹国内国际两个大局,统筹发展安全两件大事,牢牢把握坚持和平发展、促进民族复兴这条主线,维护国家主权、安全、发展利益,为和平发展营造更加有利的国际环境,维护和延长我国发展的重要战略机遇期,为实现'两个一百年'奋斗目标、实现中华民族伟大复兴的中国梦提供有力保障。"

(二)明确倡导新型国际关系,为世界和平做出重要贡献

明确倡导"人类命运共同体"和推动以合作共赢为核心的新型国际关系,在国际关系领域占据道德高地,是中国对世界和平的重要贡献。中共十八大报告中明确提出,"要倡

导人类命运共同体意识，在追求本国利益时兼顾他国合理关切，在谋求本国发展中促进各国共同发展。"此后，习近平总书记在就任后首次会见外国人士时表示，国际社会日益成为一个你中有我、我中有你的"命运共同体"，面对世界经济的复杂形势和全球性问题，任何国家都不可能独善其身。"命运共同体"是中国政府反复强调的关于人类社会的新理念。从倡议走向实践，"命运共同体"理念也越来越落地生根。从世界互联网大会到"一带一路"国际合作高峰论坛，再到世界政党高层对话会，"命运共同体"这一思考人类未来的"中国方略"都是高频词。从 2017 年 2 月起，"构建人类命运共同体"更是频频被写入联合国决议中，表明这一"中国理念"已经得到了国际社会的普遍认同和赞赏，彰显了中国理念和中国方案对全球治理的重要贡献。

（三）提出中国真正意义上的全球战略

新中国成立以来，中国外交长期是以地区战略为主。尽管中国与世界其他区域之间的联系在不断加深，但是在外交战略的规划方面仍存在一定的滞后性。新一届领导人高瞻远瞩，放眼全球，谋划了两个重要的全球倡议，成为中国中长期外交的两个重要抓手。这两个抓手，往西是"一带一路"，往东是亚太自贸区，东西兼顾，盘活了中国的整个外交，也为中国的长期经济发展注入新的活力。

2013 年，习近平总书记在访问中亚和东南亚时，分别提出建设丝绸之路经济带和 21 世纪海上丝绸之路的倡议。建设"一带一路"，是党中央做出的重大决策，是实施新一轮扩大开放的重要举措。习近平总书记形象地指出，这"一带一路"就是要再为我们这只大鹏插上两只翅膀，建设好了，大鹏就可以飞得更高更远。"一带一路"旨在借用古代丝绸之路的历史符号，高举和平发展的旗帜，积极发展与沿线国家的经济合作伙伴关系，共同打造政治互信、经济融合、文化包容的利益共同体、命运共同体和责任共同体。

亚太自贸区，则是中国的另一只"活眼"（围棋术语）。中国是一个亚洲国家，中国与亚洲国家加强联系完全符合中国的地缘经济优势。2010 年横滨 APEC 部长级会议决定将在各国之间 43 项双边及小型自由贸易协定的基础上，在亚太地区建立自由贸易区。2014 年 11 月北京 APEC 会议期间，中国推动亚太自贸区建设，完成了《亚太经合组织推动实现亚太自贸区路线图》的制定。中国一直坚持推进亚太自贸区建设，按照《北京路线图》和《利马宣言》的要求，在已有共识领域继续深入探讨，为最终实现亚太自贸区凝聚各种积极因素。亚太自贸区的建设，将成为中国和亚洲各国加强经济融合，抵御外来经济和金融风险的重要力量。

（四）针对不同性质的国际关系提出不同的外交定位

新一届党中央在处理复杂国际关系时，灵活务实，在"合作共赢"的框架下，有的放矢地提出许多新的目标定位和新的政策主张，丰富了中国的外交格局。

（五）提出新的全球治理理念

当前世界各地区发展模式和治理模式受到西方文化和话语的影响极深，但在世界范围内出现的社会分化和分裂现象表明这样的治理模式存在严重弊端。随着中国积极参与国际事务并发挥重要作用，中国对于世界的治理理念也在不断进行一些大胆的、有益的创新。2013年3月,习近平访非期间,首次提出"正确义利观"。当年10月,在新中国成立以来的首次周边外交工作座谈会上习近平强调,要找到利益的共同点和交汇点,坚持正确义利观,有原则、讲情谊、讲道义,多向发展中国家提供力所能及的帮助。这些论述,体现了中国作为一个社会主义国家、一个负责任大国的理念和风范。

中国2014年3月在海牙提出的"发展和安全并重、权利和义务并重、自主和协作并重、治标和治本并重"的"核安全观"和5月在上海提出的"共同、综合、合作、可持续"的"亚洲安全观",就融入了中华文化中善于统筹兼顾、协商合作的理念。2018年6月10日,习近平主席在上合组织青岛峰会上阐述文明交流互鉴思想,呼吁要"树立平等、互鉴、对话、包容的文明观",指出了一条人类文明和谐共生之路。2019年5月15日,以"亚洲文明交流互鉴与命运共同体"为主题的亚洲文明对话大会在北京召开。以文明交流超越文明隔阂,以文明互鉴超越文明冲突,以文明共存超越文明优越,文明交流互鉴是推动人类文明进步和世界和平发展的重要动力。

以推动构建人类命运共同体为"根脉"和"主干",中国先后提出构建相互尊重、公平正义、合作共赢的新型国际关系,创新、协调、绿色、开放、共享的新发展理念,共商共建共享的全球治理观,共同、综合、合作、可持续的新安全观,平等、互鉴、对话、包容的文明观……一系列中国智慧、中国主张,反映中华民族协和万邦的处世之道、天下大同的高远理想,不断充实着人类文明的思想宝库。

二、遍布全球的中国"伙伴关系"

伙伴关系是指在国际交往中,国家间为寻求共同利益而建立的一种合作关系。中国一直沿用"伙伴关系"定位双边关系。自20世纪90年代以来,随着中国经济实力的增强,中国的外交工作也迈上了新台阶,"伙伴关系"这一外交工具的地位也愈发重要。

(一)国家间伙伴关系的概念

"伙伴关系"概念始于冷战结束后。冷战结束后,北约推行"和平伙伴关系计划",与非北约国建立伙伴关系。

中国国际问题研究基金会拉美研究中心研究员,前驻厄瓜多尔、智利、古巴的大使刘玉琴表示,伙伴关系是指国家与国家(地区、组织)之间因为信任而在政治、经济、科技、文化等领域展开合作的一种国际合作关系。

《人民日报》曾刊登文章表示,大国之间的关系可以归纳为三种基本模式,即伙伴关系、结盟关系、非结盟非伙伴关系。大国伙伴关系最本质、最核心的特征是:伙伴国之间平等、不结盟、不针对不损害第三国。与冷战时期大国之间的结盟和敌对关系相比,伙伴关系是国家关系的进步,是推动平等合作的正常国家关系。

"伙伴外交"与西方的"盟友外交"是不同的。中国的伙伴关系外交不同于集团外交、势力范围外交,后两者的合作成员间一般签署具有国际法意义的条约,要承担约束力强的责任,并针对某些目标而合作。

而中国与伙伴方不签署任何条约,彼此不受结盟条约和义务约束,行为自由。中国"伙伴关系"的确立一般以双方元首联合声明为标志,在声明中确定合作领域,还建立交往和磋商机制保障伙伴关系。

（二）伙伴关系的分类

目前，中国已经与100多个国家和国际组织建立了不同形式、不同程度的伙伴关系，基本覆盖了世界上主要国家和重要地区。其名称主要包括伙伴关系、全面伙伴关系、合作伙伴关系、全面合作伙伴关系、战略伙伴关系、战略合作伙伴关系、全面战略伙伴关系、全面战略合作伙伴关系、全面战略协作伙伴关系等。

名称不同表明合作领域和关注点不同。简单地说，"全面"或"全方位"指的是合作领域多、范围广；"战略"指的是在双边或多边国际事务中，在重大国际和地区问题上有交集，关系重要，领域高端；"合作"指的是政策相互协调、相互配合、相互支持，其中不加战略修饰语的合作多指经济合作；"友好"指的是政治关系良好。这些词汇的排列组合构成不同侧重点，形容强调点不同的伙伴关系。

全面合作伙伴关系是指国家与国家或地区之间因为信任将在政治、经济、科技、文化等各个感兴趣的领域都能展开合作的一种国际合作关系，区别于战略合作伙伴关系。二者相比较，战略合作伙伴关系建立在国家的安全利益上，而全面合作伙伴关系则是基础性和建设性的。

大国间的"战略伙伴关系"则意味着从战略高度着眼于全球，影响本国外交整体布局的国与国关系。此外，"战略伙伴关系"还暗含着双方有深远的共同利益和相近的战略目标，彼此需要并视对方为可靠的合作对象之意。战略伙伴关系要求双方的合作建立在国家安全利益的基础之上，在整体上、全局上、核心利益上都具有一致性。全面战略伙伴关系意味着双方在合作领域上更加广泛，是战略关系中的较高级别，涉及面比较全面。

需要指出的是，伙伴关系可以针对两国，也可以用于中国与某个国际组织。比如中国与阿盟的关系定位是"全面合作、共同发展、面向未来的战略伙伴关系"，与非盟的关系定位为"全面战略合作伙伴关系"，与东盟的关系定位则为"面向和平与繁荣的战略伙伴关系"。同时，中国与欧盟的伙伴关系达到了高水平的"全面战略伙伴关系"。

战略伙伴关系不是战略协作关系，后者在双边关系具体化后需要有后续活动。这两种关系没有亲疏之别，只是后者会增加国家间的信任感。

（三）构建全球伙伴关系网络是中国外交的一个特色

中国积极发展全球伙伴关系，为世界各国创造了和平稳定的国际环境。中国特色大国外交致力于推动建设新型国际关系，构建对话而不对抗、结伴而不结盟的全球伙伴关系网络。这是总结以结盟对抗为标志的冷战历史经验教训，探索出的一条国与国交往的新路，为促进世界和平与稳定发挥了日益重要的作用。

中国积极搭建全球"朋友圈"，背后是推进国际关系民主化的不懈努力。中国坚持国家不分大小、强弱、贫富，一律平等，支持联合国发挥积极作用，支持扩大发展中国家在国际事务中的代表性和发言权。党的十九大报告对新型国际关系的内涵做出明确界定，就是"相互尊重、公平正义、合作共赢"。这三个关键词旨在摒弃传统的以强凌弱的"丛林法则"，建立在大小国家一律平等这一中国外交的优良传统之上，超越了国别、党派和制度的异同，反映了大多数国家的普遍期待，符合国际社会的共同利益。

（四）"好伙伴"越来越多的中国外交

近年来，本着对话而非对抗、结伴而非结盟的思路，中国已同100多个国家和国际组织建立了不同形式的伙伴关系，其中既有与发达工业国家间的互动往来，也有与广大发展中国家间的友好合作，这种建立在寻求和平合作、坚持平等相待、倡导开放包容、强调共赢共享基础上的伙伴关系，正受到越来越多国家的欢迎和支持。特别是"一带一路"倡议的顺利实施和构建人类命运共同体理念的提出，中国更加积极地承担自己应尽的国际责任和义务，加快构建合作共赢的新型国际关系。毫无疑问，在经济全球化时代，世界需要的不是单边主义和零和竞争，而是同舟共济、合作共赢的伙伴关系。

三、构建新型大国关系

新型大国关系，意味着对传统大国关系模式的摒弃，是国际关系理论和实践的重大创新。它准确命中了中美关系发展的现实需要，也为中国发展与其他大国关系以及其他大国之间发展关系提供了思路。2012年11月，中共十八大报告明确指出，"我们将改善和发展同发达国家关系，拓宽合作领域，妥善处理分歧，推动建立长期稳定健康发展的新型大国关系。"新型大国关系由此成为中国外交战略的重要内容。

（一）中美新型大国关系

何谓"新型大国关系"，按照中方的说法，它是以相互尊重、互利共赢的合作伙伴关系为核心特征的；按照美方的说法，它是对"崛起国与守成国必然冲突"这一历史魔咒的打破，是以"新答案"解决"老问题"。尽管双方并未使用相同的概念，两国学术界尚未对其进行系统的理论阐释，双方对其理解和期待也不尽相同，但双方业内已存在的基本共识在于：21世纪的中美关系必须避免大国对抗和零和博弈的历史覆辙，切实走出一条新路。

1. 新型大国关系说法的由来

20世纪90年代，面对世界多极化和经济全球化趋势，时任国家主席江泽民明确提出，要建立以互信、互利、平等、协作为核心的新安全观，积极致力于发展以"不结盟、不对抗、不针对第三方"为特征的新型大国关系。在这一原则指导下，中国与俄罗斯建立战略协作伙伴关系，并相继同法国、美国、加拿大、墨西哥、德国、埃及、韩国等国以及欧盟、东盟等地区组织建立不同类型的伙伴关系。

2010年5月第二轮中美战略与经济对话期间，时任国务委员戴秉国提出，中美应"开创全球化时代不同社会制度、文化传统和发展阶段的国家相互尊重、和谐相处、合作共赢的新型大国关系"。观察人士指出，作为世界上最大的发展中国家和最大的发达国家，中美如何相处，不仅关乎双边，更关乎全人类。以往新兴大国和守成大国猜疑、对抗、冲突的关系模式显然不适合中美。走出一条新型大国关系之路是中美两国的必然选择。

2012年2月，时任国家副主席习近平访美。在这次广受关注的访问中，习近平提出，推动中美合作伙伴关系不断取得新进展，努力把两国合作伙伴关系塑造成21世纪的新型大国关系。

三个月后，第四轮中美战略与经济对话在北京举行。时任国家主席胡锦涛发表了题为

《推进互利共赢合作 发展新型大国关系》的致辞。他强调，无论国际风云如何变幻，无论中美两国国内情况如何发展，双方都应该坚定推进合作伙伴关系建设，努力发展让两国人民放心、让各国人民安心的新型大国关系。

中国国家主席就中美发展新型大国关系进行的阐述，受到各界高度关注。此后，"新型大国关系"一词在中美关系语境中越来越多地出现，成了中美高层交往的必谈话题。

2．新型大国关系的内涵

关于中美新型大国关系的内涵，习近平在2013年6月与奥巴马庄园会晤时用三句话做了精辟概括：

一是不冲突、不对抗。就是要客观、理性看待彼此战略意图，坚持做伙伴、不做对手；通过对话合作而非对抗冲突的方式，妥善处理矛盾和分歧。

二是相互尊重。就是要尊重各自选择的社会制度和发展道路，尊重彼此核心利益和重大关切，求同存异，包容互鉴，共同进步。

三是合作共赢。就是要摒弃零和思维，在追求自身利益时兼顾对方利益，在寻求自身发展时促进共同发展，不断深化利益交融格局。

3．新型大国关系的创新之处

新型大国关系的主要特征是"挑战与利益同在""竞争与合作并存"，合作与共赢构成相互关系的主要方面；传统大国关系的主要特征是"敌我分明""对抗与冲突""你输我赢、你兴我衰"的零和博弈构成相互关系的主要方面。

中国国家领导人率先提出的构建新型大国关系的基本主张，创新之处在于：

第一，突破了以往有关崛起大国必然会挑战现有国际秩序、颠覆传统大国既有地位的理论框架，认为在全球化背景下，传统大国不称霸，新兴大国不争霸，两者能够做到既竞争又合作，和平共处。

第二，认为人类社会不愿再次经历也无力承受大国严重冲突或剧烈对抗，大国之间必须将和平与合作置于相互关系中的头等重要地位。

第三，认为近代以来，大国关系从第二次世界大战之前霸权国和崛起国之间的冲突与战争关系，过渡到冷战时期以政治制度和意识形态画线的结盟与对抗关系，最终发展到始于今天的竞争与合作关系，深刻反映出人类历史发展的内在逻辑。

4．中美关系：40年来前所未有的复杂局面

2019年是中美建交40周年，两国关系却遇到了40年来前所未有的复杂局面。

美方在经贸、科技、人员交往等领域接连对中国无端设限和打压，在香港、台湾、新疆、西藏、人权等涉及中国领土主权和民族尊严的核心利益问题上蓄意攻击抹黑。不仅如此，美方还利用各种国际场合诋毁中国的社会制度、发展道路以及同其他国家的互利合作，给中国扣上各种莫须有的罪名。这种近乎偏执的行为在国际交往中实属罕见，严重损害了中美之间得来不易的互信根基，也严重削弱了美国自身的国际信誉；不仅使中国人民愈发看清这些反华势力背后的险恶用心，也正在遭到越来越多国家的质疑和抵制。

错误的行动源于错误的观念。美方的上述做法，归根到底是对华认知出现了误判。有人认定中国一定会像传统大国一样"国强必霸"，最终挑战和取代美国。有人出于意识形态成见，难以接受中国特色社会主义制度取得成功，不愿承认世界上除了西方模式之外还有别的现代化道路。有人把美国自身的问题转嫁到中国身上，搞"内病外治"。还有人企图通过对华示强谋取个人的政治利益。与此同时，美国不仅"中国观"走入歧途，"世界观"也出了偏差。作为综合实力最强的国家，美方却放弃应当承担的国际责任和义务，重蹈单边主义和保护主义覆辙，在短短两年多时间里，先后退出《跨太平洋伙伴关系协定》，退出《巴黎协定》，退出联合国教科文组织，退出《移民问题全球契约》，退出《伊朗核问题全面协议》，退出联合国人权理事会，退出《维也纳外交关系公约》争端解决议定书，退出《中导条约》，退出世卫组织。这种公然开历史倒车，不断退群毁约的做法，给国际社会带来诸多难题和困扰，成为当今世界的麻烦制造者。

作为世界上第一、第二大经济体，美中保持健康稳定关系，不仅符合两国人民利益，也是世界各国的共同期盼。40多年中美关系发展演变的最大启示，就是合则两利、斗则俱伤。尽管今天国际局势和中美两国都已发生了很大变化，但这条重要启示从来没有也永远不会过时。中美两国如能管控分歧，聚焦合作，不仅是中美之福，也是世界之幸。对于中国而言，我们争取的是自身的正当发展权利，从来无意挑战和取代美国；我们坚持的是国际公平正义，坚决不走"国强必霸"的老路；我们追求的是人类社会共同进步，绝不会谋取一己私利。我们始终相信，中美合作才是两国的最好选择，也是唯一正确的选择。我们敦促美国尽快冷静下来，树立理性的"中国观"和正确的"世界观"，同中方相向而行，实现不冲突、不对抗、相互尊重、合作共赢，共同找到不同社会制度、不同发展道路、不同历史文明的两个大国在这个星球上和平共处和互利共赢之道。

（二）中俄新型大国关系

俄罗斯既是中国的周边大国，也是国际社会中的重要一极。中俄关系开创了新型大国关系的一种特殊方式，建立在平等、互利、互惠、双赢、互相尊重、互不干涉内政的基础之上，在国际政治、地区安全、贸易、能源等方面有着广泛、深入的合作，民间也有着深厚的交流。中俄关系的发展将深远地影响21世纪国际格局。

2020年是中俄建交71周年。71年来，两国关系风雨兼程、砥砺前行，成为互信程度最高、协作水平最高、战略价值最高的一对大国关系。

1. 71年两国关系风雨兼程

1949年10月1日中华人民共和国成立，10月2日苏联就宣布承认并成为与新中国建交的第一个国家，中苏两国关系从此进入了一个全新的历史时期。苏联解体后，1991年12月27日中俄两国签署《会谈纪要》，确认俄罗斯继承苏联与中国的外交关系。从1949年到2020年，中俄关系整整历经71年之久。在中俄这71年的交往中，既有过同志加兄弟的友好互助，也经历过兄弟反目、兵戎相见的低潮。

中俄两国山水相连，和则两利，敌则两伤。20世纪的中苏对抗敌视，使中苏双方都没有安全感，同时付出了很大代价。20世纪60年代末至70年代末，中国每年将超过一半的国家预算用于军费开支，苏联为了在中俄边境上修建各种军用设施花了2 000亿卢布，因对抗而耽误了各自发展。从1989年中苏关系正常化至今，中俄两国关系随着中俄边界问题的逐步解决不断深化。目前，中俄关系达到了前所未有的高水平，堪称当今世界大国、邻国和谐共处的典范。中俄全面战略协作伙伴关系的不断深化，是中华人民共和国成立71年来外交方面的一个重要成果。

2．中俄模式能量强劲

2019年是中俄建交70周年,是中俄合作在各个领域都取得重大发展的关键一年。双方一致决定,继续将发展中俄关系作为各自外交优先方向,坚定不移深化两国战略协作和各领域合作。在国际风云变幻的考验面前,中俄全面战略协作伙伴关系体现出了强劲能量和巨大影响力。

(1) 2019年中国稳居俄罗斯第一大贸易伙伴国的地位,俄罗斯在中国主要贸易伙伴中排名第11位。2019年中俄双边贸易额1 107.57亿美元。双边贸易结构得以优化。比如,中方自俄罗斯进口农产品同比增长了12.4%、对俄罗斯出口汽车增长了66.4%。目前,双方正在编制《至2024年货物贸易和服务贸易高质量发展的路线图》,确保落实在2024年将双边贸易额提升至2 000亿美元的共识。

(2) 对俄战略性大项目和地区合作得到推进。中俄两国元首亲自为东线天然气管道通气隆重揭幕,俄罗斯各界高度评价这一历史性时刻,认为落实这一项目意义重大,赞扬东线天然气管道是俄中能源合作的标志性项目,是双方深度融通、合作共赢的典范。中方企业成功参股"北极液化气-2"项目;同江铁路桥、黑河公路桥经多年努力后相继合龙;在核能、航空、航天、卫星导航、信息技术等领域的合作也在顺利推进;目前,中国稳居俄罗斯远东地区主要贸易伙伴和最大的外资来源国地位。

中俄东线天然气管道是中俄能源合作的标志性项目,被誉为"中俄合作的世纪工程"。这条绵延数千公里的能源大动脉是中国东北方向首条陆上天然气跨境战略通道,输送的天然气可供应中国东北、环渤海和长三角等多个地区,是中俄优势互补、共谋振兴的一个重大成果。

(3) 2020—2021年是两国元首确定的"中俄科技创新年",目前俄罗斯政府和企业正为自2020年起与华为等中方伙伴合作部署5G系统积极探讨和筹措。同时,双方正在组建联合科技创新基金,派遣更多的留学人员,科研机构也开始了更大规模的交流。

3．新时代中俄全面战略协作伙伴关系

2019年6月5—7日,习近平主席对俄罗斯进行国事访问并出席第二十三届圣彼得堡国际经济论坛。在世界面临百年未有之大变局形势下,在新中国成立70周年、中俄建交70周年、中俄贸易额突破1 000亿美元的历史节点,习近平主席的俄罗斯之行在中俄两国关系发展进程中具有里程碑意义。访问期间,习近平主席和俄罗斯总统普京共同签署了《中华人民共和国和俄罗斯联邦关于发展新时代全面战略协作伙伴关系的联合声明》,将两国关系提升到前所未有的高度,赋予了双边关系新的定位,确立了双边关系发展守望相助、深度融通、开拓创新、普惠共赢的新目标和新方向。

中俄关系新定位到底新在哪?新高度、新机遇、新担当,这三个关键词或许能够帮助我们理解新定位的丰富内涵。

这标注了中俄关系发展的新高度。中俄两国携手相伴,走过71年风雨历程,政治互信牢固,在涉及彼此核心利益和重大关切问题上相互坚定支持,树立了相互尊重、公平正义、合作共赢的新型国际关系典范。"新时代中俄全面战略协作伙伴关系"含义深远,内容丰富,意味着两国把双边关系定位提升到一个前所未有的新高度,意味着两国的战略协作步入更高水平,向更广、更深的方向挺进。

这预示着中俄合作的新机遇。近年来,两国经贸往来成果喜人,务实合作亮点纷呈。

步入新时代，中俄关系将迎来一系列新的机遇。从远东开发到北极开发，从"冰上丝路"到"数字丝路"，中俄将不断拓展合作新维度、发掘新潜力，为两国人民带来更多福祉。俄罗斯舆论普遍认为，以能源、军事、科技、电子商务、农产品贸易、旅游等为代表的诸多领域将成为中俄务实合作的热点。新时代的中俄合作将是更宽维度、更多领域的合作。未来10年内，中俄投资、贸易和经济合作将出现质的提升。随着"一带一路"与欧亚经济联盟不断深入对接，中俄两国及相关地区国家间的合作潜力将进一步释放。

这彰显出中俄携手应对挑战的新担当。面对单边主义、保护主义、霸凌主义等逆流，中俄并肩携手，共建人类命运共同体，为世界和平稳定持续注入正能量。中俄多年来一直致力于推动完善国际治理体系，以促使该体系更加公正和具有包容性。未来中俄将共同参与构建地区安全体系，提高发展中国家在国际组织内和解决全球发展问题方面的话语权，为维护国际社会的公平和正义发挥独特作用。

中俄关系提质升级正当其时。世界正面临百年未有之变局，中俄两国元首对中俄关系的战略意义有高度一致的认识，对推动两国关系持续深入发展怀有共同的决心和愿望。中俄关系的新定位回应了两国人民追求世代友好的共同心声，有利于推动中俄战略协作和务实合作向纵深迈进。

（三）中欧新型大国关系

中欧关系是新时期构建新型大国关系的重要组成部分。中欧是当今世界两大力量、两大市场、两大文明。在世界多极化、经济全球化、文化多样化、国际关系民主化的时代背景下，中欧合作更具全球性、战略性、示范性，对推动国际力量平衡、促进世界和平与发展意义重大。

1. 四大伙伴关系

早在2014年，习近平主席就明确提出打造中欧和平、增长、改革、文明四大伙伴关系。

所谓和平伙伴，是中欧双方要带头走和平发展道路。

所谓增长伙伴，是中欧双方要相互提供发展机遇。

所谓改革伙伴，是中欧双方要相互借鉴、相互支持。

所谓文明伙伴，把中欧双方要为彼此进步提供更多营养。

习近平强调，要从战略高度看待中欧关系，将中欧两大力量、两大市场、两大文明结合起来，为中欧合作注入新动力，为世界发展繁荣做出更大贡献。

2. 中欧经贸关系相向而行互利共赢

中国和欧洲虽远隔万里，但都生活在一个相互依存的时代。世界从来没有像今天这样紧密相连，中欧也从来没有像今天这样需要合作共赢。中欧深化互利共赢的全面战略伙伴关系，将进一步造福各自人民，也将为世界和平、发展、合作做出更大贡献。在"一带一路"倡议合作框架下，中欧之间已经成功实现了中欧班列的常态化运行。截至2019年6月底，中欧班列中国开行城市有62个，可通达欧洲16个国家53个城市，累计开行1.7万列，而且运营成本不断下降，逐渐走入正轨。中国广阔的市场和旺盛的消费能力为欧盟企业及其产品提供了无限的可能，中国的资金和基础能力建设也是欧盟国家所需要的。中欧应以"一带一路"为主要抓手，以中欧班列为重要引擎，全面拓展中国与整个欧洲的务实合作进程。

中欧经贸关系自1975年5月中国与欧洲经济共同体正式建立关系便开启了新的篇章。中国和欧盟关系历经45年风雨，连续登上合作伙伴关系、全面伙伴关系和全面战略伙伴关系三个台阶。在中欧关系发展中，经贸关系成为中欧关系的主体和稳定器。中国和欧盟更是互为重要的经贸合作伙伴，中欧经贸关系发展迅猛，贸易与投资合作更加紧密，并且趋向平衡性发展，合作共赢成为中欧经贸关系的主旋律。

中国贸促会研究院发布的《欧盟营商环境报告2019/2020》显示，2019年中欧关系继续走稳走实，中欧经贸合作成果丰硕，2019年中欧双边贸易额为4.86万亿元人民币，同比增长速度达到8%；截至2018年年底，中国在欧盟直接投资设立的企业超过3 200家，雇佣外方员工近26万人，覆盖了欧盟的所有成员国。中国企业正在为欧盟的经济增长和就业做出巨大的贡献。

3．中欧关系发展稳中向好

2019年的中欧交往十分密切，习近平主席的出访从欧洲亮丽开场、在欧洲圆满收官，李克强总理出席中欧领导人会晤、中国—中东欧国家领导人会晤，中国—中东欧合作实现首次扩员。中欧地理标志协定谈判按期完成，中欧民航合作协定顺利签署。德、法、意等欧洲主要大国领导人先后访华，第二十一次中欧领导人会晤成功举行并发表了一份内容丰富的联合声明。密集的高层往来充分体现了中欧双方对彼此的高度重视，也引领了双方各领域务实合作。

共建"一带一路"是中欧双方加强合作的重要领域，习近平主席在出访欧洲国家以及会见欧洲客人时多次谈及共建"一带一路"。加强"一带一路"倡议同欧盟发展战略对接，共同推动亚欧互联互通，促进亚欧大陆发展繁荣。

四、中国周边外交格局

中国有俄罗斯、蒙古、越南等14个陆上邻国，隔海相望的有韩国、日本、菲律宾等6国，是世界上邻国最多的国家之一。我们同周边国家山水相连、血脉相通、人文相亲，有着天然的亲近感。

"邻居好，赛金宝""远亲不如近邻"，从中国的民谚俗语可见，中国文化的根子里对邻里关系格外重视。一家如此，一国也不例外，与周边国家建立长期稳定的睦邻友好合作关系，对一国的政治、经济、社会健康发展至关重要。

（一）中国外交理念是亲、诚、惠、容

中共十八大以来，以习近平总书记为核心的中央领导集体在保持外交大政方针延续性和稳定性的基础上，提出了"亲、诚、惠、容"的周边外交理念、新型义利观、周边命运共同体、新亚洲安全观，并丰富了和平发展战略思想，以期为实现伟大复兴的中国梦创造良好的周边环境。新时期中国周边外交理念四者之间是有机统一的关系。周边命运共同体理念是新时期中国周边外交的最高目标，致力于与周边国家共同打造"政治、安全、经济、文明、生态"的共同体。"亲、诚、惠、容"的周边外交理念是周边外交的精髓和总括；新型义利观是"惠"的发展，着重面对发展中国家，是新时期中国对发展中国家外交的指导方针，也是周边外交的方针；走和平发展道路、坚守底线思维是实现周边命运共同体的方式。虽然这四者各有侧重，但是相互之间紧密联系，相互依托，相辅相成。在新的周边

外交理念的指导下，中国在周边地区通过综合运用政治、经济、安全、人文等手段，与周边国家加强政治互信、深化经济融合、拓展安全合作、扩大人文交流，妥善处理好大国关系和领土争端，坚决维护国家核心利益，为中国实现"两个一百年"发展目标创造了良好的战略机遇期。

（二）中国周边外交迈上新台阶

近年来中国周边外交取得了不少突破性的进展，特别是改善了中国与周边两个重要大国印度和日本的关系，中印关系实现了2017年洞朗对峙后的"重启"，中日关系则从2012年所谓购岛（钓鱼岛）争端中逐渐恢复。另一个突破则是朝鲜劳动党委员长、国务委员会委员长金正恩在2018年3—6月内三次访华。一度紧张的美朝关系和朝鲜半岛形势，也由于金正恩同美国总统特朗普的新加坡会晤而得以缓和，东北亚开始了重点逐渐转向经济合作的新趋势。

1．中日关系正加速回暖

国家主席习近平2019年6月27日乘专机抵达大阪，应日本首相安倍晋三邀请，出席二十国集团领导人第十四次峰会。与会期间，习近平会见日本首相安倍晋三。习近平主席指出，当今世界正经历百年未有之大变局，全球治理体系深刻重塑，国际格局加速演变。中日两国拥有越来越多共同利益和共同关切。2019年是中华人民共和国成立70周年，日本也进入令和时代。我们要共同致力于构建契合新时代要求的中日关系，使中日关系成为维护世界和平、促进共同发展的重要积极因素。中日双方就改善和发展两国关系达成十点共识，两国领导人确定努力构建契合新时代要求的中日关系，推动两国关系重回正轨并取得新发展。

2．中国与东盟合作精彩纷呈

中国和东盟10国建成了发展中国家间最大的自由贸易区，中国已连续10年保持东盟最大贸易伙伴地位。中方始终视东盟为周边外交的优先方向和共建"一带一路"的重点地区，支持东盟共同体建设，支持东盟在东亚合作中的中心地位，支持东盟在构建开放包容的地区架构中发挥更大作用。

2019年10月，《中华人民共和国与东南亚国家联盟关于修订<中国-东盟全面经济合作框架协议>及项下部分协议的议定书》（以下简称升级《议定书》）全面生效。中国-东盟自贸区是我国对外商谈的第一个、也是最大的自贸区。升级《议定书》是我国完成的第一个自贸区升级协议，是对原有中国-东盟自贸区系列协定的丰富、完善、补充和提升，体现了双方深化和拓展经贸合作的共同愿望。中国-东盟自贸区有力地推动了双边经贸关系的长期稳定快速发展，成为发展中国家间互利互惠、合作共赢的良好范例。同时，历时7年的区域全面经济伙伴关系协定谈判取得重大突破，这标志着世界上人口数量最多、成员结构最多元、发展潜力最大的东亚自贸区建设取得重大突破。

2019年8月3日，中国国务委员兼外交部长王毅在泰国曼谷举行的中国-东盟外长会上表示，过去1年中，中国和东盟国家秉承《南海各方行为宣言》精神，积极推进"南海行为准则"（以下简称"准则"）磋商，提前完成了"准则"单一磋商文本草案的第一轮审读。与会各国表示，"准则"磋商所取得的成果令人鼓舞，这一重要成果再次证明了中国和东盟国家持续推动南海局势朝着更加和平稳定的方向发展。

"南海行为准则"案文第一轮审读提前完成,"准则"磋商全面推进,中国和东盟关系进入全方位发展新阶段。习近平主席访问中亚国家并出席上合组织和亚信"双峰会",中国与中亚国家关系以及上合组织发展迈上新台阶。

3. 中印关系进入共同发展新时期

中印作为当今世界两个最大的发展中经济体,关系持续改善是大势所趋。因此,2013年中方发出共建"一带一路"倡议时,莫迪总理曾表达过积极立场,认为"一带一路"将促进本地区的发展繁荣,并表示愿加强同中方在这一领域合作。正是基于这一立场,印度加入了中方发起成立的亚洲基础设施建设投资银行,并对共同探讨建设"孟中印缅经济走廊"采取开放态度。

习近平主席同莫迪总理2019年10月在印度金奈成功举行第二次会晤,两位领导人进行了长时间、深层次战略沟通,决定深化各领域务实合作,促进文明间交流互鉴,为保持中印关系平稳向好发展定下了基调,为打开中印互利合作新局面开辟了前景。在此次会晤两个月后,印度和中国举行了边界问题特别代表会晤,双方同意加强信任措施建设,制定维护边境地区和平安宁的管控规则。两国领导人还同意设立高级别经贸对话机制,加强双边贸易和经济合作。

2020年4月1日,国家主席习近平同印度总统科温德互致贺电,热烈庆祝两国建交70周年。双方表示中印互为邻国,同为文明古国和主要新兴经济体,保持良好关系符合两国共同利益,对地区乃至世界和平与繁荣至关重要。

环视四周,中国周边关系从来没有像今天这样稳定,不但改善了中国的战略处境,也为实现两个百年奋斗目标提供了良好的外部环境。当然,这不等于万事大吉。我们还需保持忧患意识,不断开创周边外交工作的新局面。

拓展阅读

习近平外交场合金句速览

1. 2019年5月15日,亚洲文明对话大会,北京

(1)人类只有肤色语言之别,文明只有姹紫嫣红之别,但绝无高低优劣之分。

(2)各种文明本没有冲突,只是要有欣赏所有文明之美的眼睛。我们既要让本国文明充满勃勃生机,又要为他国文明发展创造条件,让世界文明百花园群芳竞艳。

(3)文明交流互鉴应该是对等的、平等的,应该是多元的、多向的,而不应该是强制的、强迫的,不应该是单一的、单向的。

(4)世界文明历史揭示了一个规律:任何一种文明都要与时偕行,不断吸纳时代精华。

(5)亲仁善邻、协和万邦是中华文明一贯的处世之道,惠民利民、安民富民是中华文明鲜明的价值导向,革故鼎新、与时俱进是中华文明永恒的精神气质,道法自然、天人合一是中华文明内在的生存理念。

(6)今日之中国,不仅是中国之中国,而且是亚洲之中国、世界之中国。未来之中国,必将以更加开放的姿态拥抱世界、以更有活力的文明成就贡献世界。

2. 2019年4月26日,"一带一路"国际合作高峰论坛开幕式,北京

(1)万物得其本者生,百事得其道者成。

（2）面向未来，我们要聚焦重点、深耕细作，共同绘制精谨细腻的"工笔画"。

（3）我们要坚持开放、绿色、廉洁理念，不搞封闭排他的小圈子。

（4）只要大家齐心协力、守望相助，即使相隔万水千山，也一定能够走出一条互利共赢的康庄大道。

（5）河海不择细流，故能就其深。

（6）发展不平衡是当今世界最大的不平衡。

3. 2019年11月5日，第二届中国国际进口博览会开幕式，上海

（1）中国老百姓有一句话，叫作"世界那么大，我想去看看"。在这里我要说，中国市场这么大，欢迎大家都来看看。

（2）站在新的历史起点，中国开放的大门只会越开越大。

（3）我们应该坚持以开放求发展，深化交流合作，坚持"拉手"而不是"松手"，坚持"拆墙"而不是"筑墙"，坚决反对保护主义、单边主义、不断消减贸易壁垒，推动全球价值链、供应链更加完善，共同培育市场需求。

（4）经济全球化是历史潮流。长江、尼罗河、亚马孙河、多瑙河昼夜不息、奔腾向前，尽管有时会出现一些回头浪，尽管也会遇到许多险滩暗礁，但大江大河奔腾向前的势头，这是谁也阻挡不了的。

（5）共同把经济全球化动力搞得越大越好、阻力搞得越小越好。

（6）中华文明历来主张天下大同、协和万邦。

思考题

1. 试述中美构建新型大国关系的背景、内容及意义。
2. 中国特色大国外交"特"在何处？

参考文献

[1] 马晓成. 新华国际时评：中俄关系新定位新在哪[EB/OL]. （2019-06-05）[2020-04-23]. http://www.xinhuanet.com/world/2019-06/05/c_1124588430.htm.

[2] 王文博. 贸促会：2019年中欧贸易额4.86万亿元[N/OL]. 经济参考报, 2020-04-23（3）[2020-05-23]. http://dz.jjckb.cn/www/pages/webpage2009/html/2020-04/23/content_63538.htm.

[3] 洪鹄. 中国特色周边外交的四字箴言：亲、诚、惠、容[EB/OL]. （2013-11-08）[2017-05-04]. http://news.xinhuanet.com/world/2013-11/08/c_118063342.htm.

[4] 习近平. 携手抗疫 共克时艰[EB/OL]. （2020-03-26）[2020-05-22]. http://www.xinhuanet.com/politics/leaders/2020-03/26/c_1125773764.htm.